Sri Prem Baba

PROPÓSITO

A coragem de ser quem somos

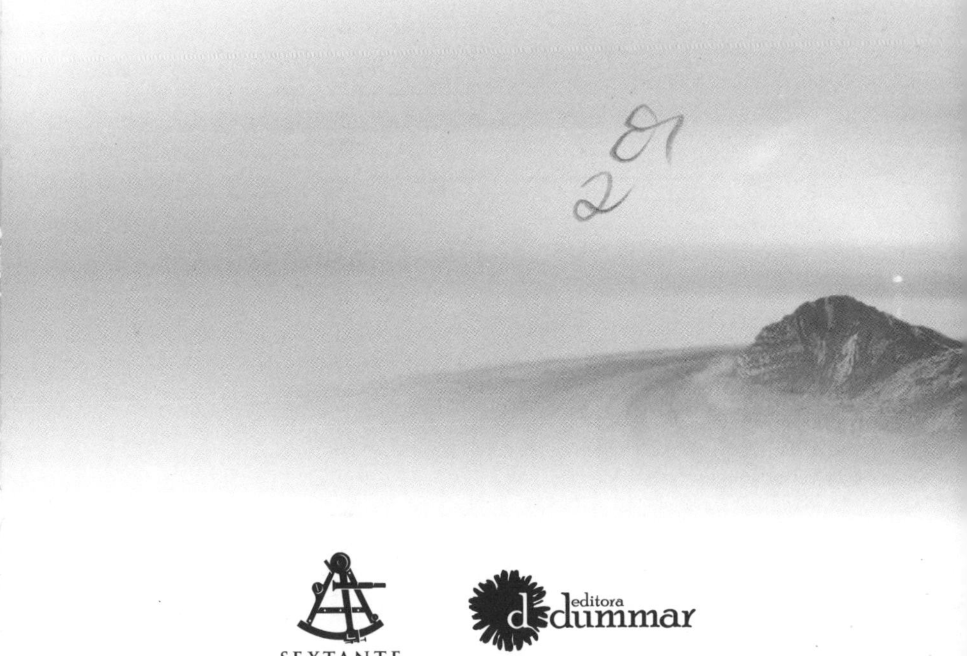

SEXTANTE

editora dummar

seleção e organização dos textos: Durga Prema
revisão: Ana Grillo, Gypsi Canetti, Nina Lua e Tatiana Pavarino
projeto gráfico: Amaurício Cortez
diagramação: Valéria Teixeira
capa: Raul Fernandes
impressão e acabamento: RR Donnelley

CIP-BRASIL. CATALOGAÇÃO NA PUBLICAÇÃO
SINDICATO NACIONAL DOS EDITORES DE LIVROS, RJ

P935e Prem Baba, Sri, 1965

Propósito: a coragem de ser quem somos/Sri Prem Baba; Rio de Janeiro: Sextante, 2017.
112p.; 14 x 21cm; ed. popular.

ISBN 978-85-431-0515-4

1. Prem Baba, Sri, 1965 – Ensinamentos. 2. Autoconsciência. 3. Vida espiritual – Hinduísmo. I. Título.

CDD: 294.544
17-41631 CDU: 233-4

EDITORA DEMÓCRITO DUMMAR LTDA.
Av. Aguanambi, 282-A – Joaquim Távora – CEP: 60.055-402
Fortaleza – Ceará – Tel.: (85) 3255.6037
comercial@editoradummar.com.br | www.livrariadummar.com.br

Edição produzida em acordo com:
GMT EDITORES LTDA.
Rua Voluntários da Pátria, 45 – Gr. 1.404 – Botafogo
22270-000 – Rio de Janeiro – RJ
Tel.: (21) 2538-4100 – Fax: (21) 2286-9244
E-mail: atendimento@sextante.com.br | www.sextante.com.br

SUMÁRIO

PREFÁCIO

Depois de passar dos 40 anos e vencer um câncer que me colocou à beira do abismo, restou a pergunta: Quem sou eu? E para quê? Qual é o significado desta minha existência? Senti que eu estava sendo chamado para olhar de modo mais atento para essas e outras questões, então pedi ao meu ser mais profundo que me abrisse as portas do conhecimento.

Até então eu já tinha entendido, com os chacoalhões da vida, que, apesar de pouco (ou nada) sabermos sobre os mistérios da existência, o único jeito de vibrarmos num outro lugar é através da experiência do amor. Só o amor é capaz de transformar tudo, curar, elevar nossa consciência. Então uma voz interna já me dizia que talvez esse fosse o sentido de tudo, a razão de estarmos aqui encarnados: aprendermos (ou reaprendermos) a amar. O que eu não sabia era: por que é tão difícil abrir o coração para amar de verdade, desinteressadamente? E eu não sabia sequer que tinha essa dificuldade.

Então, numa perfeita sincronicidade, o meu caminho cruzou com o do Prem Baba, que desde então tem me ajudado muito a entender o sentido que busco, a caminhar rumo à consciência do propósito da minha alma, a me abrir para ouvir o comando do meu coração. Porém, para alcançar esse aprendizado, precisarei continuar passando pelo processo de purificação, olhar para minha sombra (ou maldade), para minhas dores, meus condicionamentos, abrir os porões para poder limpá-los, iluminá-los. E tudo isso requer muita coragem!

Este livro é sobre o Propósito e seu estudo abrange tanta coisa, tem tantas vertentes! Aqui Prem Baba põe luz sobre o tema com a clareza própria de um líder espiritual, sugere caminhos, práticas e exercícios que podem facilitar os processos e entendimentos.

Sabemos que estamos alinhados com nosso Propósito quando encontramos um motivo real para acordarmos e vivermos o dia com alegria! E esse motivo, em última análise, é vivermos o amor! Prem tem me ensinado bastante sobre isso e talvez faça parte do meu Propósito dividir meu caminho com vocês.

Namastê!

Reynaldo Gianecchini

INTRODUÇÃO

Talvez o maior infortúnio do ser humano tenha sido, em algum momento da sua jornada, ter acreditado ser o centro da criação. Nossa inteligência nos proporcionou muitas conquistas. Conseguimos um certo domínio sobre a matéria e com isso passamos a agir como se a natureza existisse somente para nos servir. O ego, enquanto símbolo da individualidade, tomou conta da nossa experiência na Terra. Essa visão limitada nos conduziu ao esquecimento de quem somos e do que viemos fazer aqui. E hoje sofremos de uma profunda doença chamada egoísmo, que nos leva a manifestar um grau insustentável de desrespeito à natureza e aos outros seres humanos, além de uma profunda ignorância em relação ao significado da vida.

No decorrer dos séculos, temos usado nossa inteligência para reafirmar essa visão autocentrada e para provar que somos superiores a tudo e a todos. O ego, que é apenas um veículo para a experiência da alma neste plano, tornou-se o imperador máximo, e o individualismo tomou proporções brutais. Perdemos a conexão com nossa identidade espiritual e com a própria razão de estarmos aqui. Deixamos de nos questionar sobre o sentido da vida, e isso aprofundou o esquecimento da nossa essência e dos valores intrínsecos a ela.

A teoria que considera o universo como o produto de um acidente cósmico (o Big Bang) sustenta a visão materialista de que não existe um propósito para a vida. Se somos produto de um acidente, estamos aqui por acaso. E se estamos aqui por acaso, não há um propósito para a nossa existência. Essa ideia, porém, decorre da nossa incapacidade de explicar, através dos métodos científicos, o que está por trás do mistério da criação. E isso é o que nos leva a negar o espírito e a acreditar que não existe nada além do corpo e da matéria. Mas esse materialismo é o que tem impedido a nossa evolução não somente espiritual, mas também material! Porque, dessa maneira, estamos nos tornando cada vez mais cegos e ignorantes em relação ao nosso próprio poder.

A ideia de que somos apenas um corpo combinada à crença de que somos superiores a tudo é o que sustenta a indiferença diante da destruição do nosso planeta e o ceticismo em relação à espiritualidade. Desconsiderando até mesmo as descobertas não tão recentes da Física, continuamos cultivando uma visão estritamente materialista da vida. Enquanto indivíduos e sociedade, seguimos negando a existência de um espírito único que dá vida e interconecta todos os seres vivos e a natureza.

Tudo isso, porém, faz parte dos desafios da experiência humana na Terra, pois nós estamos aqui justamente para realizar a lembrança de quem somos e do que viemos fazer. O esquecimento, apesar de ser um instrumento de aprendizado nesse jogo da vida, quando levado ao extremo, se torna um grande obstáculo para a expansão da consciência. E, neste momento, a humanidade está tomada pelo esquecimento. A maioria não tem a mínima ideia do que veio fazer aqui e nem chega a se perguntar.

Estamos nos aproximando de um ponto crítico, no qual uma virada se faz necessária. É como se estivéssemos mais perto do final de um grande projeto e estivéssemos sendo pressionados a cumprir nossa missão. Alguns dizem que o prazo final já passou e que não tem mais jeito. Outros acreditam que ainda temos chances de realizar nossa meta. Eu acredito que, para sermos bem-sucedidos, precisaremos passar por grandes transformações. Em primeiro lugar, precisamos nos abrir para a verdade de que somos seres espirituais vivendo uma experiência material na Terra e que nós todos temos uma missão comum, porque, sem essa consciência, estamos fadados à extinção.

Quem sou eu? O que eu vim fazer aqui?

É parte da nossa missão chegar à resposta para essas perguntas. Estamos constantemente sendo levados a questionar e a encontrar soluções para questões como essas. O tempo todo somos convidados a perceber e compreender o Mistério. A natureza tem enviado mensagens bem claras de que chegou a hora de despertar do sonho do esquecimento e de acordar para a realidade. Tornou-se inaceitável que, com tanta informação disponível sobre a insustentabilidade do nosso estilo de vida, continuemos agindo sem a mínima consciência ecológica. Tornou-se inconcebível que ainda sejamos tão céticos e fechados para a percepção da realidade maior, que transcende a matéria, pois é esse fechamento que nos impede de ter acesso ao propósito da vida.

Eu, como um mestre espiritual, mas principalmente como um ser humano consciente, tenho a obrigação de dizer a verdade, por mais dolorosa que ela possa ser: nós, seres humanos, estamos caminhando para um grande fracasso. Até este ponto da nossa passagem aqui na Terra, não fomos capazes de encontrar essa tão desejada felicidade. E isso ocorre pelo fato de estarmos buscando no lugar errado – fora de nós. A felicidade não está no futuro, nos bens materiais ou na opinião que os outros têm sobre nós. Ela está aqui e agora, dentro de nós.

Precisamos ter coragem e humildade para abrir mão do orgulho e assumir nossos erros. Precisamos nos curar do egoísmo. E somente o autoconhecimento pode trazer essa cura. E foi justamente com o intento de oferecer instrumentos que possibilitam e facilitam o processo de autoconhecimento, mas principalmente com o intuito de dar movimento a uma energia capaz de impulsionar uma verdadeira transformação, que eu decidi escrever este livro.

Todos e cada um de nós viemos para este plano com uma missão, um propósito a ser realizado. E apesar de, na superfície, não sermos iguais e termos diferentes qualidades, estamos unidos por um propósito único que, em última instância, é a expansão da consciência. E a consciência se expande através do amor. Por isso costumo dizer que o nosso trabalho enquanto seres humanos é despertar o amor, em todas as pessoas e em todos os lugares.

Podemos comparar o processo de expansão da consciência ao desenvolvimento de uma árvore. A raiz representa nossas memórias, nossas heranças, nossos ancestrais, ou seja, nossa história na Terra. Ao mesmo tempo que nos mantém aterrados, a raiz não nos deixa cair. Ela é o que dá sustentação ao tronco da árvore, que, por sua vez, representa nossos valores e virtudes consolidados. Quanto mais forte o tronco, mais alto podemos chegar. Os galhos representam os desdobramentos das nossas virtudes em dons e talentos; as folhas representam o impulso de vida e a nossa eterna capacidade de renovação. E quando conseguimos nos tornar canais do amor, através dos nossos dons e talentos, brotam flores e frutos que representam justamente o que viemos realizar, o que viemos oferecer ou entregar ao mundo. As flores e os frutos representam a manifestação ou a realização do nosso propósito de vida.

Agora eu quero convidar você a embarcar comigo numa jornada rumo à expansão da consciência. Trata-se de uma aventura cheia de incertezas e desafios que nos leva da semente ao fruto, da terra ao céu, do esquecimento à lembrança, do estado de adormecimento ao estado de consciência desperta. Uma jornada que revela os infinitos desdobramentos do amor – esse poder que nos habita, nos move e nos liberta.

O amor é a semente, a seiva e o sabor do fruto. Ele é a beleza e a fragrância da flor. O início, o meio e o fim. Despertar o amor é o motivo de estarmos aqui.

Que a transmissão contida neste livro possa servir de inspiração e guia para o seu caminhar.

1. NASCIMENTO

NASCE UM POTENCIAL

Neste plano físico, para fazermos uma viagem, precisamos de um meio de transporte. No que diz respeito ao trânsito da alma rumo à consciência divina, precisamos passar pela consciência humana. E para vivermos essa experiência aqui na Terra, usufruindo de uma personalidade humana, se faz necessário um veículo, pois o espírito não teria como viver tal experiência sem um ego e um corpo. Assim, nascemos com um corpo e com uma estrutura psíquica projetada para desenvolver um ego. Ego e corpo formam um veículo, um instrumento projetado para que o espírito possa viver essa experiência material.

Princípio da ideia de eu

A alma é a porção individual do espírito que se manifesta através desse veículo. Ela é a ponte entre os planos material e espiritual. A alma acompanha o Ser em toda a sua jornada evolutiva, por meio dos ciclos de mortes e renascimentos, e deixa de existir quando a consciência individual se expande e se funde na consciência cósmica.

Essa é a forma que a consciência encontra para se expandir através do ser humano no plano material. Assim como uma planta nasce e cresce a partir de uma semente, a consciência cósmica se manifesta e se expande através de uma consciência individual. Nesse sentido, o ego é como uma semente que é plantada na terra com o objetivo de se desenvolver, amadurecer e gerar frutos. Essa semente traz consigo um potencial divino que irá se expressar de maneira particular por meio de cada um de nós.

Existem muitas definições para a palavra ego. Aqui me refiro a ela como o princípio da individuação, ou ainda como o princípio da ideia de eu. Apesar de ter uma função muito importante no projeto divino de expansão da consciência (cuja meta, em última instância, é restabelecer o estado de Unidade), o ego também representa o nascimento de um senso de separação, ou seja, é o princípio da ideia de que somos separados uns dos outros. Por termos um corpo, uma forma, a mente cria essa ilusão de separação. De fato, no nível físico, que é o nível das aparências, nós estamos separados, mas no nível do espírito somos apenas um.

Entretanto, essa ilusão faz parte do jogo divino aqui na Terra e está a serviço da expansão da consciência. Ela é o que, na cosmovisão hindu, é chamado de *mahamaya*, a grande ilusão. Ao mesmo tempo que encobre nossa visão com o véu da dualidade, *mahamaya* é também a nossa grande professora. Através dela, aprendemos aquilo que precisamos aprender e aos poucos vamos começando a enxergar além dela. *Mahamaya* é uma distorção da realidade que pode tomar muitas formas, entre elas o egoísmo – a doença do ego.

Sementes de amor

Quando nos permitimos contemplar e nos deixar envolver pela beleza da vida, observando os fenômenos da natureza, percebemos que tudo é fantástico e que, certamente, a vida vai muito além dessa realidade cotidiana que captamos através dos nossos olhos físicos.

Você já se perguntou como é possível frutos e flores dos mais diversos tamanhos, cores, fragrâncias e sabores simplesmente brotarem de árvores? Isso é fantástico. Mesmo sabendo como a natureza funciona, se puder observar esses fenômenos com mais profundidade, imediatamente você perceberá quão extraordinária ela é. A semente é um exemplo disso. De um pequeno grão nasce uma majestosa árvore. A semente contém em si uma porção mínima, um *quantum* de uma essência que é impressa em um código genético. Nesse código estão as informações sobre o seu potencial máximo, que é também aquilo que ela vai realizar quando for plantada na terra. E o seu potencial máximo são os frutos que ela vai dar.

Da mesma maneira, nós, seres humanos, trazemos uma porção da consciência divina que deseja se expandir e se expressar através de nós. Também trazemos um código, um programa, algo a ser realizado. Esse programa é o propósito da alma. Nós viemos para este mundo justamente para realizar esse propósito, que também costumo chamar de visão – uma visão a ser compartilhada com o mundo.

O propósito se manifesta de forma muito particular em cada um de nós. Cada alma individual chega aqui com um programa específico a ser realizado, e esse programa ou propósito individual está alinhado com o propósito maior da vida. Estou me referindo ao que, na sabedoria milenar do yoga, é conhecido como *dharma* – a lei universal que rege a vida e une todos os seres em torno do mesmo propósito. Em última instância, o *dharma*, ou propósito maior da humanidade, é a expansão da consciência, mas costumo dizer que é o despertar do amor, pois a consciência se expande através dele.

Saber qual é o nosso propósito é saber o que viemos fazer aqui. E o que viemos fazer aqui está intimamente relacionado àquilo que somos em essência, ou seja, o programa individual da alma está relacionado à consciência do Ser. Assim como a laranjeira só pode dar laranjas, o ser humano só pode dar um tipo de fruto: o amor, pois o amor é a sua essência. Entretanto, o amor é um fruto que pode se manifestar de infinitas formas. Cada alma traz consigo dons e talentos que são a maneira única por meio da qual o amor se expressa através de nós.

Desafios de crescimento

Ao mesmo tempo que cada alma traz consigo dons e talentos, que são suas virtudes e potencialidades a serem desenvolvidas, ela traz também desafios que servirão para o seu crescimento. Certos desafios são parte do próprio programa da alma e encontram-se impressos no DNA, como as doenças genéticas e determinadas limitações físicas. Outros serão gerados a partir das escolhas que a alma fizer no decorrer da encarnação. Mas, independentemente de sua natureza, os desafios são instrumentos de aprendizado.

Também comparo esses desafios ou obstáculos a lugares de parada na jornada da alma em evolução. A viagem é longa e muitas vezes nos sentimos cansados. Às vezes precisamos parar para abastecer e nos alimentar, às vezes para cumprir acordos em lugares específicos. Mas toda parada serve para, de alguma maneira, nos recuperarmos e absorvermos aprendizados. As pausas servem para revermos o mapa da vida e nos situarmos na jornada. Nesses momentos, também podemos rever os lugares por onde andamos e os buracos pelos quais passamos, a fim de evitar novas quedas. Mas paramos, principalmente, para resgatar partes nossas que ficaram presas no passado e para absorver determinadas lições. E, dessa forma, vamos nos fortalecendo para seguir rumo ao destino final.

Esses lugares de parada, onde a alma estaciona temporariamente para absorver determinados aprendizados e se libertar da cadeia de reações geradas pelas ações equivocadas do passado, são o que chamamos de *karma*. Essa palavra sânscrita significa literalmente "ação", mas se refere a uma lei cósmica – a lei de causa e efeito (ação e reação), que determina que todo efeito tem uma causa: tudo que se manifesta agora em nossas vidas é um produto das nossas ações do passado. Para toda ação, existe uma reação. Assim, o *karma* envolve não somente a ação, mas também a reação inerente a ela.

Uma via do yoga, chamada de *Karma Yoga* (o yoga da ação), fala sobre a prática da "não ação", que é uma ação que não gera reação – uma causa sem efeito. Entretanto, para uma ação não gerar reação, ela precisa ser desprovida de interesses egoístas. Esse é o fundamento básico do *Karma Yoga* (yoga da ação), cujo principal instrumento é a ação ou o serviço desinteressado.

Muito se fala em yoga hoje em dia, mas pouco se sabe de verdade sobre ele. Yoga não é simplesmente um sistema de posturas físicas e meditação. Yoga é um grande conjunto de técnicas e ferramentas capazes de atuar em todos os níveis do nosso sistema (físico, mental, psicoemocional, energético e espiritual) que tem a função de nos ajudar a nos reconectar com a realidade maior, com a nossa essência, ou ainda com a nossa verdadeira identidade. Por isso yoga é um caminho de autorrealização ou de libertação. Ao reconhecermos nossa verdadeira identidade, nos tornamos livres para ser quem somos.

Karma Yoga é o caminho da liberdade através da ação, é a via do yoga que conduz à autorrealização por meio do serviço desinteressado. A ação desinteressada nos liberta, pois ela possibilita que deixemos de produzir reações e, consequentemente, que nos libertemos da teia do *karma*. Mas isso é possível somente quando *karma* (ação) e *dharma* (propósito) estão alinhados, o que significa que nossas ações correspondem ao que de fato viemos fazer aqui. Quanto mais alinhadas estiverem com o propósito maior, menos efeitos nossas ações causarão e mais consciência elas trarão ao planeta, pois o propósito da alma individual está diretamente ligado ao *dharma* e ao *karma* coletivos.

INFLUÊNCIAS EXTERNAS

Vimos que existe um propósito interno (da alma), um programa que nasce com a pessoa. Mas também existe um outro propósito, que é externo – um programa que é formado no decorrer da vida, juntamente com o desenvolvimento do ego e através do contato com a sociedade. Esse programa, elaborado com base em influências externas, é o que chamarei aqui de "programa do ego".

O programa do ego, além de depender de fatores externos, também vai depender do *karma*, pois é ele que determina as condições nas quais a criança chega neste plano. Dependendo das condições sociais, do nível de conhecimento e do desenvolvimento espiritual da família, a criança poderá aprender determinadas lições, desenvolver determinadas habilidades e consolidar valores e virtudes da alma. Ao mesmo tempo, ela poderá sofrer traumas e criar imagens (cenários psicológicos fixos ou congelados) e crenças limitantes que farão parte dessa programação.

O propósito do ego, ou propósito externo, é como a casca de uma fruta, é uma camada superficial que encobre o verdadeiro programa da alma. A casca, no entanto, também tem uma função. Ela serve como uma proteção para que o ego possa se desenvolver e construir o que for necessário para a sua experiência. Mas chega um momento em que essa camada externa precisa ser retirada para que o verdadeiro propósito possa se manifestar plenamente. Da mesma forma que precisamos retirar a casca da fruta para saboreá-la, esse programa externo precisa ser removido para que o programa interno se revele.

A entidade humana chega a este plano livre, amando e confiando. Ao nascer, a criança ainda tem uma lembrança de quem ela é e do que veio fazer aqui. Mas com o passar do tempo, através do contato com o mundo, ela vai cedendo a influências externas, adquirindo crenças e reprimindo sua expressão natural. Como sabemos, a fundação da personalidade acontece nos primeiros sete anos de vida. Algumas aquisições ocorrem depois, nos sete anos seguintes, mas a fundação é feita nos sete primeiros anos. E as crenças instaladas nesse período irão permear toda a vida da pessoa.

Então logo cedo a criança começa a sentir-se carente e insegura; ela começa a sentir ciúme, raiva e inveja... E isso não acontece por acaso. Ela aprende isso com aqueles que estão ao seu redor, prioritariamente com os pais, mas também com os educadores e demais familiares próximos. Essas pessoas participam do processo de desenvolvimento da personalidade daquela alma. E, por ignorância, acabam transferindo para a criança as suas misérias e carências. Com isso é estabelecido um círculo vicioso no qual ignorância procria ignorância.

Quando a criança começa a frequentar a escola e inicia uma vida social, ela recebe novos *inputs* (além dos que chegam através dos pais e familiares) sobre aquilo que, supostamente, é certo ou errado; sobre aquilo que ela deveria ser e fazer na vida (o que em geral não é o que ela gostaria de ser e fazer). Novos limites e regras são impostos, novas ideias (preconceitos, opiniões, crenças) são transmitidas. É verdade que, para o seu próprio bem, o jovem precisa de limites e regras, mas ninguém ensina que determinadas regras precisarão ser abandonadas, pois elas devem estar a serviço do desenvolvimento da consciência, e não o contrário.

Todo ser humano traz consigo uma visão em prol do desenvolvimento sustentável do planeta. Ele traz uma sabedoria, um poder. Mas, normalmente, devido a essas influências externas, sua visão vai sendo esquecida, e seu poder vai sendo contido. E na medida em que seu poder é contido, isso se volta contra ele. Forças contrárias ao seu propósito são criadas. O programa da alma impele a pessoa a se mover numa direção, mas a mente condicionada por fatores externos faz com que ela siga em outra. Essa contradição gera sofrimento.

Esquecimento da visão

Podemos, de forma sintética, dizer que estamos aqui para realizar um trânsito do estado de esquecimento para o estado de lembrança – lembrança de quem somos e do que viemos fazer aqui, pois, como já vimos, ao chegarmos nesta Terra, somos envoltos por um véu de ilusão que atua através do esquecimento.

Normalmente, até o início da juventude, uma pessoa ainda tem a visão clara daquilo que veio fazer: carrega um forte anseio, traz consigo sonhos que são expressões do seu propósito, mas aos poucos vai se esquecendo e acreditando nas vozes externas que insistem em dizer que esse sonho é impossível de ser realizado, que esse caminho não é bom, ou, ainda, que a pessoa não tem capacidade para isso. Aos poucos, ela vai cedendo a essas vozes até que desiste e se esquece completamente dos seus sonhos e passa a sonhar o sonho dos outros.

Se já teve a oportunidade de acompanhar o crescimento de uma criança, você sabe que ela nasce confiando e amando com toda a sua pureza. A criança que ainda não foi corrompida e contaminada pelas crenças e misérias dos adultos à sua volta simplesmente segura na mão do pai e da mãe e vai com eles, sem saber para onde a estão levando. Contudo, aos poucos, ela deixa de confiar. Começa a ser atingida pelo medo na forma da desconfiança e da insegurança, e pelo ódio na forma da raiva e da vingança.

Mas por que isso acontece? Porque ensinam isso para ela. Desde cedo, a criança aprende que é uma vítima das circunstâncias externas e com isso também aprende que precisa se defender. Aos poucos, vai criando os mais variados mecanismos de defesa e adquirindo crenças e condicionamentos limitantes. Tais mecanismos são limitantes, porque, ao mesmo tempo que servem para proteção, geram separação e esquecimento. Os muros que você constrói ao seu redor para se proteger são os mesmos que o mantêm isolado no mundo.

Esse conjunto de mecanismos de proteção e esquecimento constitui o que costumo chamar de "natureza inferior", "eu inferior", ou ainda "maldade". Isso que conhecemos como maldade nada mais é do que um conjunto de mecanismos de defesa que o ser humano desenvolve desde cedo na vida para se proteger da dor dos choques de humilhação, rejeição e exclusão. Ao falar de maldade, não estou me referindo ao comportamento exclusivo dos criminosos e corruptos, pois todos nós sofremos choques dessa natureza. Portanto, todos nós carregamos um tanto de maldade. E quanto mais maldade uma pessoa manifesta, mais dor ela carrega no seu sistema.

Contaminação pela educação

Obviamente, a educação tem um papel fundamental na formação da personalidade infantil e também no processo de expansão da consciência humana. Através da educação, é possível facilitar ou dificultar esse processo. Por isso precisamos dar a devida importância para esse tema. Na minha visão, somente através da educação nós poderemos fomentar a transformação necessária para salvar nosso planeta, que se encontra em processo de degradação. Mas para que uma mudança significativa aconteça no mundo, precisamos realizar uma grande reforma na educação, e essa reforma começa por nós, adultos.

O processo de educação das nossas crianças deve começar através da reeducação do nosso eu inferior. Somente assim teremos de fato algo para dar. Caso contrário, isso que chamamos de educação continuará sendo somente uma reação ao passado, somente uma projeção das nossas dores infantis. Projetamos nossas mazelas nas crianças e queremos fazer delas aquilo que acreditamos ser o melhor. Mas nem sempre temos razão quanto ao que é o melhor, justamente porque trata-se de uma crença, ou seja, de uma imagem rígida a respeito de algo. A crença é construída a partir de situações negativas do passado. Isso significa que algo deu errado, alguma coisa te machucou, então você passou a acreditar que a vida é sempre assim. Trata-se de uma generalização.

Portanto, temos um grande desafio pela frente. Precisamos curar nossas mazelas para que possamos educar nossos filhos adequadamente. Porque, se continuarmos agindo com base nos nossos traumas do passado, permaneceremos sabotando o desenvolvimento das nossas crianças e desviando-as do seu caminho natural, do seu propósito de vida. Isso será possível somente se estivermos dispostos a assumir nossa responsabilidade e a conhecer a nós mesmos. Porque, na medida em que nos conhecemos, vamos nos libertando de nossas crenças limitantes e da ideia de que somos vítimas e nos tornamos capazes de apoiar o desenvolvimento sustentável da personalidade infantil, o que implica não projetar nossas misérias nas crianças e dar força para que sua visão e sua sabedoria sejam reveladas para o mundo.

Precisamos abrir mão da necessidade de ter nossas expectativas e carências supridas através dos nossos filhos, pois essa é a raiz do problema. Sei que não é uma tarefa fácil, pois é muito difícil não repetir padrões e não impor pontos de vista para a criança. Não conhecendo a si mesmo e não tendo consciência das suas próprias carências e limitações, inevitavelmente você vai querer formatar a criança de acordo com suas expectativas. Se você foi muito machucado, desapoderado e humilhado, é muito provável que, estando numa posição de poder e autoridade perante a criança, você se perca e queira abusar desse falso poder. Dessa maneira, você acaba reeditando o seu passado no momento presente, o que significa que você repete a sua história através da criança e transmite para ela as suas misérias.

A projeção das nossas carências e condicionamentos nas nossas crianças é uma das bases que sustentam a miséria humana. Dessa forma, temos sido canais de um poder destrutivo que age promovendo o esquecimento do propósito maior da vida. A criança tenta ser feliz da maneira como ensinamos que deve ser, mas ela nunca se sente encaixada, nunca se sente realmente confortável. Desde cedo, a criança é tomada pelo esquecimento e passa a carregar um vazio existencial do qual, até certo estágio, não tem consciência.

Perdida no esquecimento, ela acredita que esse vazio (do qual inconscientemente está sempre tentando fugir) será preenchido com algo que está fora dela. Crê que a sua felicidade depende de circunstâncias externas, ou seja, de outras pessoas ou de bens materiais. Assim, acaba desenvolvendo a crença de que a felicidade pode ser comprada. Acredita que, se tiver bastante dinheiro, além de comprar tudo o que deseja, poderá dominar o outro e fazer com que ele faça e dê aquilo que espera.

Nosso sistema educacional está baseado nisto: ensinar a criança a ganhar dinheiro e a ter poder, justamente porque, na fundação da nossa sociedade, existe essa crença de que dinheiro é sinônimo de felicidade. Nada pode ser mais ilusório do que isso. E é por causa dessa grande ilusão que a depressão se tornou a doença do século e que nos tornamos dependentes de remédios para dormir e atenuar a ansiedade. Estamos criando uma humanidade dependente de terapia. E mesmo com terapia, não há garantia de que resolveremos o problema. Tem gente que faz terapia a vida inteira e continua igual. Muitos conseguem viver melhor, se aceitar mais e dar alguns passos no caminho do autoconhecimento, mas só através da espiritualidade é possível romper com esse círculo vicioso. Processos terapêuticos só podem trazer resultados positivos no que diz respeito à cura das nossas raízes (onde a doença está instalada) se puderem abordar e tratar o ser humano como um todo, incluindo sua dimensão espiritual.

Esse cenário precisa ser modificado. Caso contrário, seguiremos procriando miséria. Cabe a nós, adultos, nos libertarmos dessas crenças limitantes e iniciarmos a busca da felicidade no lugar certo: dentro de nós. Esse é o único lugar em que a felicidade perene pode ser encontrada. Enquanto continuarmos buscando fora, projetando nossas carências no outro, exigindo que ele faça aquilo que queremos que ele faça; enquanto não curarmos nossas feridas infantis através do autoconhecimento, seguiremos procriando ignorância através dos nossos filhos.

Muitas vezes você acha que está amando o seu filho, mas está apenas tentando resolver o seu próprio problema. Na verdade, você está tentando se realizar através dele. Ao obrigar a criança a fazer do seu jeito, você acaba desviando-a do caminho dela. E qualquer caminho que não seja o da alma é um mau caminho, porque ela estará se afastando do *dharma*.

Se pudéssemos evitar que essas crenças fossem instaladas na infância, tudo seria diferente. Na minha visão, isso seria possível se o autoconhecimento e a espiritualidade se tornassem parte do ensino fundamental. Enquanto adultos conscientes, o nosso trabalho é resgatar a inocência perdida, a espontaneidade e a pureza da criança em nós, pois assim poderemos resgatar também a alegria e a leveza de viver. Mas enquanto isso não acontece, que possamos zelar para que as nossas crianças não percam a inocência e a espontaneidade. Esse é um projeto para séculos, mas precisamos começar agora. Precisamos fazer com que uma educação baseada em valores humanos e espirituais se torne política pública. E, além disso, é necessário que os amantes se tornem realmente conscientes do significado de uma família, do significado de trazer uma criança para este mundo. Esse é um dos aspectos da nossa missão neste planeta, porque isso faz parte do processo da expansão da consciência humana.

Se olharmos mais profundamente para essa questão, veremos, inclusive, que é preciso refletir sobre a nossa necessidade compulsiva de gerar filhos, pois ela também nasce de crenças e condicionamentos. Percebo que esse assunto é quase um tabu na nossa sociedade, mas trata-se de um tema de grande importância, que precisa ser amplamente abordado e encarado de frente. Porque, ao colocar um filho neste mundo, você tem a responsabilidade de ajudar no desenvolvimento espiritual dessa alma ou pelo menos precisa aprender a não sabotá-la.

Essas são questões muito importantes, mas precisaríamos de um outro livro para tratar delas. Por enquanto, quero apenas deixar algumas perguntas para aqueles que estão querendo ter filhos: quem em você quer ter um filho e para quê? De onde vem essa vontade? Vem da necessidade de cumprir um programa social, de suprir uma carência ou é um comando do coração?

Venenos para a consciência

Volto a dizer que essa tão necessária e desafiadora transformação só poderá ocorrer se estivermos de fato comprometidos com o autoconhecimento. E isso implica estudar os mecanismos que nos levam a esquecer o propósito real da vida. Precisamos saber de que forma fomos contaminados pelo medo; de que forma nossa confiança natural se transformou em desconfiança; de que forma as crenças e os condicionamentos foram instalados no nosso sistema, dando início a círculos viciosos que geram destruição e perpetuam a miséria, não somente em nossas vidas pessoais, mas na vida do planeta como um todo.

Ao identificarmos esses círculos viciosos e entendermos o seu funcionamento, temos a chance de interrompê-los. E quando isso acontece, a energia que até então estava sendo utilizada para manter o esquecimento pode ser redirecionada para a lembrança de quem somos.

Os principais mecanismos que estão a serviço do esquecimento são a repressão e a negação. Eles atuam no nosso sistema como verdadeiros venenos para a consciência. Vejamos como:

Repressão

Como mencionei anteriormente, quando nasce, a entidade humana, apesar de ainda ter a lembrança da sua identidade, apresenta limites que a tornam dependente. Portanto, ela precisa receber dos pais muitas coisas – dentre elas, três elementos são os mais vitais: o alimento, a proteção e o amor. Esses elementos são básicos para que a criança possa sobreviver e crescer de forma saudável. Além disso, existe um outro elemento que também é fundamental, mas que normalmente é desconsiderado: a liberdade. A liberdade é uma necessidade tão básica para a alma quanto o alimento é para o corpo. Na verdade, ela é intrínseca ao Ser, mas, ao encarnar neste plano, temos nossa liberdade restringida.

Quando chegamos aqui, somos puros, não temos medo nem vergonha de ser quem somos. Não vemos perigo nem maldade em nada, por isso nos expressamos com total liberdade, espontaneidade e naturalidade. Mas essa nossa expressão natural nem sempre é considerada socialmente adequada e muitas vezes não corresponde às expectativas dos nossos pais em relação a nós. A verdade é que, na maioria das vezes, os pais não estão suficientemente maduros para aceitar e acolher a espontaneidade da criança e para permitir que ela se expresse com a liberdade de que precisa.

Então desde cedo a criança começa a ser reprimida e a entrar em contato com o sentimento de inadequação que isso gera. Às vezes ela é reprimida de forma direta e aberta, quando ouve um "não faça isso!" ou "isso não pode!"; e às vezes a repressão ocorre de forma indireta e sutil, através da retirada do amor. Se a criança faz alguma coisa que os pais não gostam ou consideram inadequada, ela é punida com frieza e indiferença. Em certas ocasiões ela apanha ou é humilhada.

E quando a sexualidade começa a aflorar e a criança começa a brincar com o próprio corpo, a primeira coisa que ela escuta, normalmente, é: "Pare com isso! Isso é feio!" A criança está ali, pura, sem maldade, simplesmente sendo espontânea, mas ela é recriminada nesse movimento natural e tem sua energia vital subitamente bloqueada. Assim, ela começa a ter medo de ser quem é e passa a acreditar que precisa ser outra coisa para agradar aos pais e para receber aquilo de que precisa. Ela deixa de ser espontânea e começa a criar máscaras, ou seja, passa a fingir ser algo que não é, porque sendo quem é não consegue o que deseja, que é ser aceita e amada. Dessa maneira, uma falsa identidade vai sendo construída.

A espontaneidade vai dando lugar à estratégia, o que significa que ela deixa de fazer aquilo que o seu coração determina e passa a fazer aquilo que agrada aos outros. Ela deixa de ouvir a voz do coração e passa a ouvir apenas a mente. A razão vai se sobrepondo à intuição, porém razão sem intuição é o mesmo que um pássaro sem asas. Ao agir puramente com base na razão e no raciocínio, você se torna uma máquina; e ao agir apenas com base no sentimento e no instinto, você se torna um animal. A intuição une pensamento e sentimento, raciocínio e instinto. Ela nos aproxima daquilo que nos define como seres humanos.

Compreenda que não estou dizendo que a mente e a razão devam ser ignoradas. Na verdade, a mente é um poder do Ser, mas esse poder tem sido muito mal utilizado. Na atual fase da nossa jornada evolutiva, a mente encontra-se completamente desgovernada, criando dificuldades e obstáculos para o desenvolvimento da consciência humana. É preciso haver um equilíbrio entre mente e coração, entre razão e intuição, pois isso é o que nos torna capazes de transcender nossas limitações e de realizar o nosso potencial.

Também é importante deixar clara a diferença entre isso que estou chamando de repressão e aquilo que são os limites necessários para a educação e para a proteção da criança. É claro que a criança precisa de limites, até mesmo para a sua própria proteção. E muitas vezes a criança até pede por limites, pois essa é uma forma de os pais darem atenção para ela. O limite, se colocado com amor e consciência, é uma forma de ajudar no desenvolvimento da criança. Já a repressão é o contrário: é como um veneno que age contaminando uma virtude que constitui a base, a fundação da árvore da consciência – a autoconfiança. A espontaneidade, que é uma expressão da autoconfiança, é bloqueada e contaminada pelo medo – o medo de não receber amor. Esta é a ilusão básica que sustenta a miséria no mundo: a ideia de que somos carentes e precisamos receber algo de fora.

Negação

O distanciamento da nossa verdadeira identidade vai se tornando cada vez maior, até que chega um momento em que ocorre uma cisão: perdemos a conexão com aquilo que somos e passamos a acreditar que somos a máscara. Esse rompimento é extremamente doloroso, é como se fôssemos cortados ao meio ou um buraco se abrisse dentro de nós. Daí nasce o grande vazio interno que acompanha o ser humano em toda a sua existência. E para conseguirmos lidar com essa dor brutal, acionamos o mecanismo da negação.

Assim como aliviamos a dor das feridas físicas com analgésicos, amenizamos as feridas emocionais através da negação. A negação é como um anestésico psicoemocional que pode agir por tempo indeterminado. Trata-se de um mecanismo que tem o poder de jogar para os porões do inconsciente todos os sentimentos negativos, todo o conteúdo interno que não queremos ver e sentir. Dessa forma, escondemos dos outros e de nós mesmos aquilo que não aceitamos e com o que não queremos entrar em contato.

Essa é a forma que encontramos para nos proteger e não mais entrar em contato com a realidade de que fomos reprimidos e machucados. Esse mecanismo sustenta a falsa identidade, porque fortalece a crença inconsciente de que somos vítimas carentes e que não somos aceitos pelo que realmente somos.

O inconsciente, também conhecido na Psicologia como subconsciente, é uma parte da consciência que, por alguma razão, não queremos enxergar. Não se trata de algo que realmente não conhecemos, mas algo que, em algum momento, decidimos desconhecer. Assim como nascemos amando e fomos aprendendo a odiar (ou desaprendendo a amar), tudo aquilo que se torna inconsciente esteve, em algum momento, sob a luz da consciência. Portanto, o que costumo chamar de "eu inferior" ou "sombra" é justamente essa porção da consciência que nós decidimos não ver e por isso apagamos a luz. Apagar a luz significa fechar o coração, e fechar o coração significa desconectar-se de si mesmo.

Essa desconexão gerada pela cisão com a verdadeira identidade gera a ilusão de que somos separados da fonte da vida. Em outras palavras, nós perdemos a consciência de que a fonte da vida nos habita e de que somos parte de uma corrente de energia universal de onde recebemos tudo de que precisamos. Acreditando estar separados dessa fonte que nos nutre, nós passamos a acreditar que somos carentes e com isso nos tornamos escravos do outro. Nós temos a fonte do amor dentro de nós, mas acreditamos que precisamos receber esse amor de alguém.

A negação dos aspectos sombrios da personalidade é talvez a principal causa da miséria humana. Os sentimentos negados funcionam como âncoras que impossibilitam a ascensão. As mágoas e os ressentimentos que carregamos, mesmo que inconscientemente, nos mantêm prisioneiros da ilusão de separação, distorcendo a percepção da realidade e impedindo que manifestemos nosso poder na forma dos nossos dons e talentos. Dessa maneira, somos impedidos de alcançar o propósito maior, que é a lembrança de quem somos e do que viemos fazer aqui.

2. CRESCIMENTO

FALSA IDENTIDADE

Todo ser encarnado neste plano passa por esse processo de ruptura que acabei de descrever. Ele faz parte dos desafios que precisamos enfrentar durante a encarnação. A partir dessa cisão com a nossa verdadeira identidade, uma falsa identidade é criada. E para manter essa falsa identidade, desenvolvemos um verdadeiro arsenal bélico, constituído por diversos mecanismos de defesa e seus infinitos desdobramentos.

Guardiões do falso eu

Os principais mecanismos que o ego utiliza para manter a falsa identidade são as matrizes do eu inferior. Tenho falado muito sobre isso, inclusive nos meus livros anteriores, mas vale a pena repassar:

Gula – Representa todo tipo de voracidade ou compulsão; os vícios mais densos e concretos, os mais fáceis de serem identificados e estudados. Pode ser compulsão por comer, comprar, falar, transar, entre outras coisas. Na base dessa matriz está a crença de que, ao consumir ou engolir determinado elemento, você sacia a carência e o vazio existencial. A compulsão nasce da carência. Ela surge do rompimento com a essência através da repressão. A pessoa gulosa tenta suprir o buraco gerado pela cisão com a comida ou com qualquer outro elemento que possa substituir a falta de amor. Essa carência gera uma voracidade que, quando não é preenchida, se transforma em ansiedade.

Preguiça – A paralisação diante daquilo que precisa ser feito por causa de sentimentos suprimidos e congelados no sistema. A preguiça pode se manifestar de forma passiva ou ativa. Quando ela se manifesta de forma passiva, a pessoa não consegue fazer o que tem para fazer (e às vezes fica até sem conseguir sair da cama), o que gera um desequilíbrio na química do cérebro que se desdobra em depressão. E quando se manifesta de forma ativa, a pessoa faz muitas coisas (às vezes se torna *workaholic*), menos aquilo que realmente precisa ser feito.

Avareza – Necessidade de acúmulo. A pessoa se protege por trás daquilo que acumula. Ela acredita, ao acumular, que estará protegida. Alguns se escondem por trás do dinheiro, mas tem gente que se esconde através de coisas enferrujadas que acha na rua ou até acumulando lixo. Ela acumula e não consegue soltar nada, nem mesmo um prego velho.

Inveja – O desejo de destruir o outro por acreditar que ele é superior. A pessoa invejosa não acredita ser capaz de chegar aonde o outro chegou, então precisa rebaixá-lo. E para fazer isso, faz uso da maledicência, que é falar mal do outro. A maledicência pode se manifestar de forma bastante intensa ou pode agir de maneiras muito sutis e difíceis de serem identificadas. Por exemplo, estando em um meio no qual a pessoa que você inveja é bastante considerada e admirada, você resolve soltar um veneno, falando mal dela como se estivesse fazendo um elogio: "Ela é uma pessoa muito legal, pena que tem tal defeito." Existe também outro aspecto da inveja que é de difícil compreensão: a autoinveja. Esse é um aspecto que está conectado ao orgulho e à luxúria. Quando a autoinveja está atuando, a pessoa começa a sabotar a si mesma. Nesse caso, a situação é mais complexa, porque trata-se de um aspecto extremamente difícil de identificar.

Ira – Uma extrema reatividade diante das situações. A pessoa que manifesta essa matriz acredita que, se falar mais alto que o outro, estará protegida. Ela grita e intimida o outro para sentir-se mais forte. Transmite a ideia de que é muito corajosa, mas na verdade está morrendo de medo.

Orgulho – O orgulhoso usa a superioridade para sentir-se protegido. A partir do orgulho, as matrizes começam a ficar mais sofisticadas, pois atuam de maneira cada vez mais sutil. Apesar de todas as matrizes terem sua complexidade, as anteriores são relativamente mais fáceis de lidar (com exceção da autoinveja). O orgulho é complexo, porque pode se manifestar de muitas maneiras diferentes. Alguns exemplos são: vaidade, soberba, timidez, complexo de inferioridade ou superioridade, vitimismo e falsa humildade.

Luxúria – Necessidade de obter poder através da energia sexual. A luxúria não está sempre ligada ao sexo em si, mas ao uso da sedução, que pode ocorrer de diversas formas. Muitas vezes, a necessidade de agradar o outro é uma forma de dominá-lo. Ela está intimamente conectada com a ira, pois a luxúria, quando não recebe o que quer, se transforma em ira.

Medo – São muitas as crenças ligadas ao medo. O medo está na base da estrutura do eu inferior, dando sustentação à ilusão de que somos carentes, de que somos somente um corpo. O medo é a antítese do amor.

Mentira – A mais sutil entre as matrizes, porque a mentira não é somente aquilo que você conta no dia a dia para "sair bem na foto", mas também o que dá sustentação a todas as outras matrizes. Em última instância, a maior mentira é aquela que você conta para si mesmo: a mentira sobre a sua real identidade.

Máscaras

Se acredita ser carente, é inevitável que você espere receber alguma coisa do outro. Inevitavelmente, você cria expectativas. Isso é um grande problema, porque, por mais maravilhoso que seja, você não tem garantias de que receberá o que quer. Por mais que seja hábil para convencer o outro a dar aquilo que você acha que precisa receber, você não tem garantia de que ele vai corresponder à sua expectativa.

Embora tudo que você procura fora de si mesmo esteja em seu interior, você não consegue enxergar essa realidade. O Ser que te habita é completo, ele não é carente de nada, mas a sua percepção encontra-se limitada por condicionamentos e crenças, então não consegue perceber essa realidade. E por causa disso, você se torna um mendigo que, para receber uma migalha de atenção, vende a alma. Finge ser algo que não é; usa máscaras para agradar e receber um pequeno olhar, um pequeno carinho. Dessa forma, desperdiça a vida tentando forçar o outro a amar você. Esse é um estado de aprisionamento, de dependência profunda, que gera raiva. E essa raiva se volta contra você mesmo.

Você sente raiva porque, de certa forma, sabe que está vendendo a si próprio. Está se prostituindo. Certa vez, alguém estava julgando a prostituição, e eu refleti: quem neste mundo não paga por sexo? Pelo menos as prostitutas deixam o preço bem claro. Perdoe-me a franqueza, mas eu preciso ser honesto. O meu trabalho é eliminar a mentira e alimentar a verdade. Pense: quem não paga para receber atenção? Quem não paga para receber carinho?

Estando envolvido pela ideia da carência, você paga com a sua espontaneidade e com a sua liberdade. Deixa de ser quem realmente é e se especializa em ser qualquer coisa que roube a atenção do outro. Você se especializa em tirar energia do outro e desenvolve estratégias para mantê-lo na sua mão. Isso é escravidão!

Às vezes, para chamar atenção, você usa a máscara da vítima: "Eu vou me matar se você não olhar para mim." Às vezes, a máscara do autossuficiente: "Eu não preciso de você. Eu sou forte e dou conta da vida sozinho." E às vezes você, simplesmente, é indiferente: "Não estou nem aí, estou acima disso tudo." Esses exemplos são os padrões clássicos, mas cada um deles tem infinitos desdobramentos. Eles são apenas uma amostra daquilo que você faz para conquistar, dominar e manipular o outro de acordo com a sua necessidade de ser amado. São estratégias para forçar o outro a amá-lo, porém isso é impossível, porque o amor verdadeiro só pode ser dado de graça. Mesmo quando somos bem-sucedidos nesse jogo e conseguimos a atenção do outro, sabemos que não foi espontâneo. Então não confiamos e nos sentimos inseguros, frustrados e continuamos criando novas estratégias.

Esse círculo vicioso tem como principal característica a necessidade de amor exclusivo. Não basta ser atendido nas suas expectativas, não basta ser amado. Você tem que ser amado com exclusividade. Tudo tem que ser para você. A pessoa que está com você não pode olhar para o lado. Ela precisa olhar para você 24 horas por dia. Nesse caso, como confiar e relaxar? Não é possível estar no controle o tempo todo.

Perceba como esse jogo é uma grande escravidão. Mas essa escravidão é criada pela mente para sustentar a falsa identidade. É o falso eu que acredita na carência. Ele acredita ser um mendigo e se torna um pedinte de atenção. E isso gera o que é, de fato, a maior miséria do ser humano: a carência afetiva. Essa é uma doença emocional que distorce a percepção da realidade. E nessa realidade limitada criada pelo ego, você depende da aprovação, do reconhecimento e da consideração do outro. O filósofo Jean-Paul Sartre disse: "O inferno são os outros." Nesse caso, o outro se torna o motivo da sua ansiedade, da sua tristeza e do seu estresse. Mas quem é o outro? Quem é esse outro que você considera tão importante? Não será somente uma projeção do falso eu?

Falso sucesso

Como já vimos, o ego tem um papel importante na evolução da consciência humana: ele é quem realiza a jornada. Para existirmos neste plano e realizarmos nossa missão, precisamos de um ego. Ele é o nosso veículo e também um mediador entre o mundo interno e o mundo externo. Através dele, a alma pode experimentar a matéria e se expressar no mundo. E o ego, por sua vez, tem uma programação que é feita com base em uma série de *inputs* a respeito do que ele precisa fazer para ser importante, bem-sucedido e próspero. O que determina o programa do ego é a necessidade de ter poder e sucesso para agradar e ser reconhecido.

Mas, afinal, o que é ter sucesso?

O verdadeiro sucesso diz respeito à realização do propósito da alma, mas a maioria das pessoas acredita que o propósito é a realização do ego. Como vimos, o ego tem um programa que é construído com base em crenças herdadas do mundo exterior. E, na maioria das vezes, esse programa não tem nenhuma conexão com o programa da alma. Então muitas vezes a pessoa está realizada externamente, mas ainda se sente vazia e frustrada. O que ocorre é que o ego se especializou em determinada coisa, aprendeu a se mover no mundo e com isso conquistou sucesso material. A pessoa se tornou especialista no *fazer*, mas não no *ser*. Entretanto, a completude somente é alcançada quando o *ser* e o *fazer* se alinham. E esse alinhamento só ocorre quando o propósito interno (da alma) se manifesta também externamente.

Outra forma de ver o ego é como um personagem. Revestido de um corpo, ele é o protagonista da história da nossa encarnação. Esse personagem é quem experimenta a vida humana, vive situações e absorve os aprendizados. Nós não somos esse personagem ou esse corpo, nós somos o espírito que está por trás dessa roupagem, porém, no desenrolar do enredo da vida, o ego vai se fortalecendo, e o personagem vai sendo incorporado de tal maneira que passamos a acreditar que somos o personagem.

Essa nova identidade com a qual nos identificamos gera um constante sentimento de angústia e desencaixe, o que alguns interpretam como uma sensação de vazio. É como se algo sempre estivesse faltando. Isso gera a impressão de que algo ainda precisa ser feito ou conquistado.

Estamos sempre insatisfeitos, querendo mais, pois nada pode preencher o vazio de não sermos quem somos. Mas durante um período não temos consciência disso e acabamos construindo toda a nossa vida com base nessa identidade forjada. E a partir dela conseguimos muitas coisas. Podemos construir verdadeiros impérios, conquistar muito sucesso, fama, dinheiro e poder, mas não podemos conquistar a verdadeira felicidade. Isso que estou dizendo não é novidade. Aliás, é senso comum dizer que "dinheiro não traz felicidade", mas o fato é que no fundo acreditamos que a felicidade vem daí.

Então nós lutamos pelo dinheiro e, dessa maneira, até conquistamos uma certa alegria, mas uma alegria passageira, tão frágil quanto uma chama ao vento. Essa é uma felicidade sazonal, que vem e vai de acordo com a tendência da estação, de acordo com a moda. Você compra um carro novo, e isso te faz muito feliz até o momento em que um novo modelo é lançado, ou até o momento em que o seu colega de trabalho compra um carro melhor. Você se apaixona e, por alguns meses ou semanas, fica em êxtase. Até que o outro começa a chegar mais perto, e você começa a ver que ele não era tão perfeito como você imaginava. A sua felicidade dura apenas enquanto o outro corresponde às suas expectativas. Enquanto o outro está ali do seu lado, olhando só para você e te dando toda atenção, você se sente muito importante e confiante, mas basta o outro dar uma olhadinha para o lado para que você volte a se sentir um miserável. Se a sua felicidade depende do outro, se tudo que você conquista é para ser importante para o outro, isso não é felicidade, é dependência.

A verdadeira felicidade só pode nascer daquilo que é real, do que permanece. E aquilo que é real nasce da plenitude interior. É quando podemos nos sentir completos por ser o que somos. E isso só é possível quando podemos manifestar o propósito da nossa alma. Esse é o verdadeiro sucesso – é um sentimento de satisfação, de preenchimento, de estar no lugar certo. Quando isso acontece, nos harmonizamos com o fluxo da vida e, naturalmente, temos nossas necessidades atendidas. Tudo melhora, inclusive a vida material. A prosperidade, quando é fruto do encontro consigo mesmo, é um presente divino que está a serviço do propósito maior. Mas enquanto não tocamos esse núcleo interno, tudo aquilo que produzimos e construímos é para fugir de algo ou para nos protegermos de alguma coisa.

Falsa riqueza

Muitas vezes, buscamos freneticamente a riqueza material para encobrir a pobreza que nos habita. E às vezes o *karma* permite que essa riqueza seja construída na matéria. No entanto, se a riqueza não tem lastro na verdade (se não é um produto da manifestação da plenitude da alma, mas sim um produto do medo da escassez), inevitavelmente, ela irá desmoronar. Esse tipo de riqueza não tem alma, pois não tem lastro no coração. Ela pode trazer uma alegria passageira, mas não gera paz. Muito pelo contrário: pode se tornar um fardo. Muitos conquistam fortunas, mas não conseguem relaxar para usufruir delas, pois estão sempre com medo de perder alguma coisa. Trata-se de uma riqueza que tem base na avareza. Alguns se tornam escravos da ideia de que as pessoas gostam deles somente por causa do que eles têm – e às vezes isso é verdade. Porque essas pessoas se preocuparam somente em *ter*, e não em *ser*.

Essa riqueza sem alma, sem lastro no coração, em algum momento, precisará cair. Porque tudo que é construído com base na mentira, inevitavelmente, precisará ser desconstruído. A essência da experiência humana é a expansão da consciência, por isso tudo que construímos precisa ter bases sólidas no mundo interno. Um castelo de areia não fica em pé quando a maré sobe. Para ficar em pé, ele precisa ter uma fundação sólida e resistente, o que significa que ela precisa ser verdadeira. Para isso, precisamos remover os mecanismos de defesa que estão a serviço da mentira – a mentira de que você é carente de amor. E isso só é possível através do autoconhecimento.

Não há nada de errado com a riqueza. O problema é a ausência de si mesmo. O que você conquistou lá fora não é um problema. O problema é não conquistar a si próprio.

Autoconhecimento é sinônimo de lembrança de si mesmo. Quando lembramos da nossa identidade real, retornamos automaticamente ao caminho do coração, que é o programa da nossa alma. Esse é o encaixe, o alinhamento ao qual me refiro. Porque, ao nos desviarmos do caminho do coração, passamos a nos sentir desencaixados. Se não estamos seguindo o programa da nossa alma, não importa o tamanho do sucesso que conquistamos no mundo, continuamos carregando uma angústia.

Muitas vezes não percebemos, pois estamos muito envolvidos na luta pelo sucesso ou pela sobrevivência, mas estamos sempre ansiosos, abatidos, tristes... Desencaixados.

Às vezes você tem um lampejo de consciência e percebe que algo está errado. Percebe que talvez seja necessário encontrar outro caminho para a sua vida, mas a mente está tão carregada de informações vindas de fora, tão contaminada pelas crenças sobre o que é certo e o que é errado, que você fica confuso e perdido. Mesmo assim, segue em frente, insatisfeito, mas sem saber para onde ir. Sabe que tem alguma coisa errada, mas não consegue ainda identificar o que é, porque, aparentemente, não há nada fora do lugar. Você tem uma ótima casa, uma bela família, um carrão na garagem, um emprego estável... Não há motivo para insatisfação! Cada vez que a angústia bate à sua porta, você finge que não a vê e tenta fugir. E foge através das mais diversas distrações: internet, televisão, compras... Necessidades simbólicas são criadas para amortecer a dor que está por trás dessa ansiedade. Essas necessidades se transformam em vícios que funcionam como amortecedores da consciência, por meio dos quais você guarda nos porões do inconsciente aqueles conteúdos que foram negados.

Mecanismos de amortecimento

Vamos compreender melhor o que é isso que estou chamando de "amortecedor". Essa é uma palavra que costumo usar para descrever um processo de anestesia interna. O amortecimento é uma forma de retirar algo do nosso campo de percepção, uma maneira de rebaixar a consciência. Trata-se de um mecanismo de fuga da realidade similar ao processo de negação que descrevi anteriormente, mas que atua na psique humana em momentos e níveis de profundidade diferentes.

A negação é quando somos levados a romper com a nossa naturalidade, é uma forma de anestesiar a dor gerada pela ruptura com a nossa essência. A energia que utilizamos para anestesiar essa dor original é a nossa energia vital, o próprio substrato do prazer. Nós utilizamos a própria energia do prazer para amenizar o nosso sofrimento, e dessa maneira ocorre uma ligação entre o prazer e o sofrimento. Em outras palavras, passamos a sentir prazer em sofrer. E essa é uma das razões pelas quais o sofrimento se perpetua neste planeta.

No amortecimento, a energia é retirada do prazer que determinado objeto ou situação nos traz. O mecanismo é o mesmo, mas trata-se de um nível mais superficial, uma camada sobreposta. Os amortecedores servem para manter no inconsciente aqueles conteúdos que, na infância, foram ali guardados através da negação. Mas justamente por constituírem uma camada mais superficial, eles são mais facilmente identificáveis através da auto-observação.

Os vícios são os amortecedores mais óbvios, porém qualquer coisa pode se tornar um amortecedor. Qualquer objeto, situação ou coisa que façamos pode ser utilizado dessa maneira. E isso vai depender da nossa atitude perante a vida. A cada situação, temos a chance de escolher se vamos usar o que a vida está nos oferecendo como um amortecedor ou como um despertador da consciência. Sempre temos a escolha de cultivar o sofrimento ou de aproveitar a situação para crescer e nos libertarmos dele. Essa escolha depende da nossa maturidade e disposição para tomar as rédeas do nosso próprio destino.

Existem diversas classes de amortecedores que têm a função de adormecer diferentes aspectos da consciência. Alguns são mais grosseiros e mais fáceis de identificar, como os vícios em cigarro e álcool, por exemplo. Outros são mais difíceis de identificar, pois, normalmente, se confundem com algo positivo, como o fazer compulsivo e o fazer sem presença.

Num mundo em que a corrida pelo sucesso e a competição tornaram-se comportamentos normais, o fazer compulsivo tornou-se uma virtude. Neste mundo, a pessoa que não tem essa compulsão é muitas vezes vista como preguiçosa. Entretanto, assim como a preguiça, o fazer compulsivo pode estar a serviço do adormecimento da consciência. Enquanto a preguiça é uma paralisia, um congelamento interno que tem a função de manter sentimentos negados, o fazer compulsivo é um excesso de movimento que serve para a mesma coisa.

O fazer sem presença é outro aspecto do fazer compulsivo. Se você não colocar a alma naquilo que está realizando, essa ação se torna um passatempo. Não importa qual seja a atividade, se não estiver total na ação, ela será apenas uma distração. Nesse sentido, até mesmo o autoconhecimento e a prática espiritual podem ser amortecedores. Aquilo que teria a função de despertar a consciência se torna uma forma de adormecê-la. Isso ocorre quando você repete um mantra e realiza determinados rituais espirituais de forma mecânica, ou quando desenvolve o vício psicanalítico de ficar analisando tudo. Você acha que está presente, mas trata-se de um ato mecânico, um hábito. Pensa estar lúcido, mas, na verdade, está cada vez mais longe da realidade – você está fugindo desesperadamente dela. Está preso nos jogos da mente.

Quando digo "colocar a alma" na ação, quero dizer que essa ação precisa ser movida por um propósito – o propósito da alma. As pessoas estão fazendo muitas coisas no mundo, mas nenhuma dessas coisas tem conexão com o seu propósito. O fazer tornou-se compulsivo justamente porque está sendo utilizado como um amortecedor da angústia existencial. Esse fazer se transformou em uma maneira de sobreviver, um passatempo até que a morte chegue. Muitos estão nessa situação, pois se acostumaram e se acomodaram assim. Alguns passarão a vida esquecidos de que, em algum momento, tiveram o sonho de realizar algo. Aqui estou me referindo ao sonho como uma revelação do propósito da alma, como um comando do Eu superior. Alguns se esquecem de que, algum dia, receberam esse comando e, simplesmente, passam a fazer alguma coisa para sobreviver. Alguns fazem algo para alimentar a máscara e cristalizar o ego, para conquistar poder. Essa ação, no entanto, é compulsiva e completamente desconectada do propósito da alma. É um fazer sem presença. Tudo é realizado pela simples força do hábito.

Independentemente da sua natureza, o desejo é o que mantém os vícios e os amortecedores. Ele é um poço sem fundo: quanto mais realizamos, mais temos desejos. Isso ocorre porque eles nascem da carência, e a carência não pode ser suprida de fora para dentro. Ela é um estado emocional no qual acreditamos não ter o que precisamos. O que pode nos libertar desse estado é o reconhecimento de que tudo que estamos buscando compulsivamente fora de nós existe em abundância dentro de nós.

Vimos anteriormente que, em algum momento da nossa jornada, nós perdemos a consciência da fonte da vida que nos habita. Essa fonte que nutre e supre todas as nossas necessidades está dentro de nós, mas nos esquecemos dessa verdade. Isso gera uma profunda sensação de falta, que é a carência. E a carência faz com que nos tornemos pedintes enquanto permanecemos sentados sobre um baú de diamantes.

Costumo usar o baú como metáfora para a nossa riqueza interior, como um símbolo que representa essa fonte de onde vem tudo de que necessitamos. Ele é o campo da potencialidade pura, um lugar onde tudo é possível e onde nada falta.

Amortecedores clássicos

Os principais amortecedores que impedem o despertar da consciência são o sexo, o dinheiro e a comida, mas, obviamente, esses três elementos são parte da experiência humana na Terra. Na verdade, eles também são instrumentos de desenvolvimento. Entretanto, por causa das distorções, eles se tornam amortecedores. Uma distorção ocorre quando o eu inferior se apropria de algo. Quando o medo e o ódio se apoderam de um instrumento legítimo de desenvolvimento, este se torna nocivo.

A comida, o sexo e o poder são forças que foram desvirtuadas e passaram a ser usadas para abrandar as dores e as angústias latentes do ser humano, por isso costumo chamá-los de "amortecedores clássicos". Esses três elementos têm um enorme poder de adormecer a consciência.

Comida – nossa vida social gira em torno dela. Nossa rotina diária é programada de acordo com as nossas refeições. Comer é uma das principais formas de lazer das pessoas, e uma das poucas fontes de prazer para muita gente. O interessante é ver que, enquanto muitos passam fome, alguns estão sofrendo por não conseguirem comer menos. Alguns vivem em função da falta; outros, em função da fartura de alimento. Poucos compreendem o poder que a comida exerce em nossas vidas, não somente pelas razões que acabei de mencionar, mas também por ela ser o nosso combustível. Nosso corpo é composto pelos alimentos e se move a partir da energia que eles proporcionam. O que comemos transforma-se no nosso corpo e, nesse sentido, nós, literalmente, somos o que comemos. Apesar de a ciência, há pouco tempo, ter conseguido medir a influência do que ingerimos, até mesmo no que diz respeito às mutações genéticas, essa dimensão da vida humana ainda é um mistério para nós.

Sexo – uma das grandes compulsões da humanidade. Você pode até não fazer sexo, mas não tira ele da cabeça. Aliás, é justamente por reprimir o desejo sexual que o ser humano tornou-se dependente da pornografia e das distorções da sexualidade. Costumo dizer que a luxúria é a rainha desse mundo. Mas quando falo de luxúria, não estou fazendo um julgamento moral, e sim me referindo ao uso da energia sexual para manipular, dominar e obter poder sobre o outro. Não há nada de errado com o sexo. Ele é natural. O problema está nas distorções e perversões sexuais. Elas são o grande entorpecente.

Poder – nosso maior vício é o desejo de poder, principalmente na forma do dinheiro. Não é necessário falar muito para concordarmos que o ser humano é completamente dependente do dinheiro. Se a luxúria é a rainha deste mundo, o dinheiro é o rei. Dinheiro é sinônimo de poder. Através dele, você compra aquilo que deseja, e isso pode incluir indivíduos. As pessoas vivem para ganhar dinheiro, enquanto deveriam ganhar dinheiro para viver. Elas têm muito para gastar, mas não têm tempo para isso. O dinheiro tornou-se o meio e o fim. Para muitos, além de ter dinheiro, sucesso significa também ter um cargo importante, ter influência sobre muitas pessoas ou ter fama.

A compreensão sobre os amortecedores* é essencial para que possamos tomar consciência daquilo que nos mantém distanciados da verdade. Mas também é importante compreender que não estou julgando ou criticando o uso dessas ferramentas de amortecimento. Entendo que às vezes a dor é tão intensa que você não dá conta. Quando a dor de cabeça é muito forte, normalmente é preciso tomar um analgésico, mas, se a dor persiste, é necessário procurar a sua causa. O mesmo ocorre no nível emocional: você utiliza determinado recurso para amortecer a dor até que possa construir uma estrutura emocional sólida capaz de suportá-la. Mas por que o contato com a dor é importante? Porque nesse núcleo de dor está a causa da doença e, portanto, a cura. O problema é quando você se torna viciado no analgésico e não quer mais deixar de usá-lo. Assim, você fecha o acesso ao núcleo da dor e inibe a possibilidade de cura. Estando sob o efeito de anestésicos, a impressão é a de que tudo está bem, de que tudo está "normal". Você não está sentindo a dor e por isso acredita estar saudável, mas na verdade está ficando cada vez mais doente.

O vício, não importa qual seja, é um amortecedor que está a serviço da proteção de apegos. Não importa qual seja o seu vício. Ao se tornar um viciado, você está se protegendo e ao mesmo tempo fugindo de alguma coisa. No mais profundo, está fugindo de si mesmo. Por alguma razão, existe um medo de olhar para dentro de si e enxergar a realidade. Talvez você tenha vergonha de alguma coisa. Talvez sinta medo de ver que toda a sua vida foi construída a partir de uma fantasia, uma ficção.

O fato é que, em algum momento, para poder lidar com a dor, você criou uma história e passou a viver nela. Essa foi a forma que você encontrou para aliviar a dor por ter sido reprimido, humilhado, esquecido, abandonado, rejeitado... Então você se tornou o personagem principal

---

* Ver **Chave Prática 4**: "Identificando e removendo amortecedores" (pág. 94).

dessa história e passou a acreditar que é esse personagem. Com o passar do tempo, foi se apegando aos elementos da narrativa criada.

Boa parte das histórias tem no mínimo três personagens: um herói, um vilão e uma vítima. E dependendo da fase da sua vida, você transita entre esses diferentes papéis. Alguns passam a vida inteira em um único papel, porque, nesse caso, o amortecedor está sendo eficiente. Entretanto, na maioria dos casos, o amortecedor vai perdendo a força, e você precisa mudar de personagem. Há sempre uma necessidade de mudança. Mas estando apegado ao papel, você se sente constantemente ameaçado. Está sempre com medo. E o medo é proporcional à dimensão do seu apego. Quando a vida o convida a fazer uma mudança, ela é vista como um perigo. Mas qual é o perigo? O maior perigo é descobrir que a história que você sempre acreditou ser a sua vida é apenas uma invenção da mente.

Os amortecedores são utilizados para anestesiar e ao mesmo tempo para remover o medo. Mas você tem medo de perder as suas conquistas justamente porque elas são os seus anestésicos. As suas feridas ainda estão abertas, uma vez que, não tendo condições de lidar com elas, você precisou negá-las. Você não percebe esse processo interno por causa da anestesia, mas as dores do passado estão lá, influenciando a sua vida atual. Sem ter consciência disso, sua vida é impulsionada pelo passado e suas escolhas atuais são influenciadas por ele.

Normose

Certa vez, uma pessoa me perguntou: "Ok, eu estou mesmo viciado. Estou viciado em sexo, em álcool, em pornografia... Mas se está tudo bem na minha vida, por que tenho que mudar alguma coisa? Por que eu tenho que ir atrás da dor? Por que não posso continuar assim?"

Um dos sintomas mais comuns do profundo amortecimento no qual o ser humano se encontra é a normose, uma doença psíquica cuja principal característica é um estado quase hipnótico no qual a pessoa acredita que tudo está absolutamente "normal": a corrupção é normal, a violência é normal, contar uma "mentirinha" é normal; a traição é normal, a competição, o fingimento, a trapaça, o engarrafamento... Tudo é normal. Os seus relacionamentos são fúteis e não duram mais do que algumas semanas, mas isso é normal; você passa mais tempo na internet procurando fotos de mulheres do que com a sua própria companheira, mas isso é normal; você não consegue ficar alegre em uma festa sem beber álcool, mas isso é normal; o planeta está sendo destruído, os animais estão sendo mortos, o lixo que produzimos está sendo enviado para o espaço, nossos alimentos estão contaminados... Mas está tudo bem na sua vida, porque tudo é normal!

Então a resposta é sim, você pode continuar vivendo dessa maneira. Durante algum tempo, você pode escolher viver anestesiado, pelo menos até o momento em que o *karma* bater à porta, ou seja, até que o efeito das suas ações comece a aparecer na sua vida. E esse efeito pode surgir de diversas maneiras: na forma de uma perda, uma doença, uma frustração, um acidente, ou até mesmo como uma paixão. Vida é movimento, e tudo está em constante transformação. Chega o momento em que a vida traz um desafio que faz com que você queira se mover.

Durante algum tempo, é provável que você consiga levar a vida com certo nível de amortecimento (aliás, alguns permanecem assim por toda a existência), até que algum acontecimento importante o surpreende e você se assusta. Começa a se sentir desconfortável. Passa a sentir uma angústia, uma inquietude sem explicação. Então surgem os questionamentos em torno do sentido da vida. Você percebe que não é feliz apesar de tudo estar "normal", de tudo estar "bem". E quanto mais envelhece, mais triste fica, porque toma consciência de que conquistou muitas coisas, mas ainda não conquistou a si mesmo. Quando essa inquietação bate à sua porta, vem a pergunta: "O que eu fiz com a minha vida? Eu construí casas, comprei coisas, adquiri cultura, mas ainda não sei quem sou, não sei por que estou aqui."

3. MORTE DO FALSO EU

BENDITA CRISE

Chega um momento em que os amortecedores deixam de ser eficazes, assim como a droga que gera tolerância e cujas doses precisam ser cada vez maiores para se obter o efeito desejado. Nesse caso, os efeitos colaterais começam a ficar insuportáveis, e o risco de uma overdose se torna iminente. Muitas vezes, é necessário chegarmos a esse nível de sofrimento para que, através de um impulso de vida, encontremos as forças necessárias para a transformação.

Ao chegar nesse ponto, a pessoa vê que existe apenas uma escolha: ou ela muda ou morre. Porque, mesmo que não esteja viciada em uma droga química, está viciada em algo que se tornou tóxico e, aos poucos, ela está morrendo. Pode ser uma situação de vida que não corresponde ao anseio da alma, o que quer dizer que a pessoa está se movendo em direção oposta ao seu propósito. Nesse momento, surge a chance de ver a realidade e de fazer uma escolha. Quando me refiro à morte, nesse caso, é no sentido de viver sem alegria e sem prazer – isso é o mesmo que morrer. Muitas vezes, a pessoa precisa chegar nesse estágio para que ocorra uma mudança de eixo capaz de transformar a vida.

Infelizmente, é assim que funciona: em geral, é o sofrimento que gera o impulso da transformação. A mudança, normalmente, chega através de um grande vazio existencial, uma depressão, uma grande perda ou uma doença. Com isso não estou dizendo que precisamos sofrer para evoluir, mas é fato que é isso que tem acontecido no decorrer da história da humanidade. Tenho trabalhado para que possamos ser impulsionados pelo amor, e não pelo sofrimento, mas isso será possível somente através de uma mudança de cultura.

Desmoronamento do falso

Chega esse momento em que tudo começa a desmoronar. E a queda é proporcional ao tamanho da construção. Quanto maior o império construído pelo ego, maior o estrondo. Quanto maior a conquista material, maior a comparação entre o que se conquistou fora e o que não se conseguiu alcançar internamente. Se há um império fora, mas ainda não há nada dentro de si, você entra em desespero. É possível que você se dê conta de que tudo que fez e de que todas as suas vitórias não servem para absolutamente nada, pois, no momento final, você não leva consigo nem mesmo um grão de poeira. A única coisa que você leva é a si próprio. A única coisa que realmente tem sentido e pode ser alcançada é você mesmo – a sua verdadeira identidade.

Quando você é um estranho para si mesmo, nem o mundo inteiro é capaz de preenchê-lo. Você acorda pela manhã e se pergunta: "Para quê?" Você se veste e sai para a vida, mas sempre se questionando. Nada faz sentido, nada satisfaz. E qualquer coisa que o mundo ofereça é insuficiente. Você se sente insatisfeito e frustrado. Muitas vezes, deprimido. A vida torna-se um fardo. Aquilo que você considerava normal de repente se torna absurdo, porque você começa a perceber a falta de sentido no modo como vive e na sua relação com o mundo.

Não estou dizendo que é errado conquistar bens ou tornar-se rico. A prosperidade é também uma manifestação divina. Estou me referindo ao fato de muitos desperdiçarem suas vidas na busca desenfreada pela riqueza material. Desperdiçam a vida procurando a felicidade através do acúmulo de coisas. Isso é insano.

O homem sensato é aquele que busca a felicidade dentro de si mesmo. Mas, independentemente da riqueza que a pessoa possa ter adquirido ou da pobreza na qual ela esteja vivendo, essa crise existencial caracteriza uma emergência: algo precisa mudar! Trata-se de uma crise profunda, mas absolutamente necessária, pois é ela que faz você se mover para a transformação.

Tenho dito que, no mais profundo, as crises são positivas. Isso é perceptível não somente na esfera pessoal, mas também na coletiva. Não importa se é crise política, econômica, financeira ou ambiental. Não importa se é um câncer, uma dor de estômago ou uma acne... Se existe uma crise agora, é porque alguma coisa já estava errada muito antes de ela se manifestar. Até o momento em que a crise vem à tona, tudo parece estar bem, tudo parece "normal". Até que os sintomas surjam, você aparenta estar saudável, mas a verdade é que a doença (que também é uma forma de crise) já estava em processo de instalação no seu sistema havia muito tempo. Portanto, a crise é apenas uma eclosão, a exposição de algo que estava submerso, mas que vinha se fortalecendo por maus hábitos, condicionamentos e comportamentos contaminados pelo medo.

Olhando por esse ângulo, a crise é uma bênção, pois, se examinarmos o que está por trás dos sintomas, teremos a chance de reconhecer e tratar a doença em sua origem. Portanto, ela é uma oportunidade de cura e crescimento.

Amor represado

Não poderia passar por este tema sem tocar na questão da depressão, pois vejo que estamos enfrentando uma verdadeira epidemia desse distúrbio. Como mencionei anteriormente, a depressão tornou-se a doença do século, e isso reflete o ponto em que estamos na jornada evolutiva. Por mais que tenhamos avançado nas descobertas científicas, ainda não encontramos solução para esse tipo de desequilíbrio. Muito pelo contrário: os índices de suicídio são assustadores. Desenvolvemos máquinas capazes de ir para além da atmosfera terrestre e de visitar outros planetas, mas ainda não temos tecnologias eficazes para a transcendência da carência e para a cura da obsessão pelo poder. Ainda não fomos capazes de encontrar soluções para os nossos problemas ambientais nem para os altos índices de pobreza e de violência no mundo. Costumo brincar dizendo que seria muito bom se pudéssemos desenvolver uma pílula para despertar o amor. Essa seria a pílula que cura todas as doenças, pois o amor é o solvente universal para todos os males.

A depressão é um sintoma do amor represado; do amor guardado no cofre. Em outras palavras, é um sintoma do coração fechado. E esse fechamento, esse bloqueio da energia, realmente muda a química do cérebro. O amor é a própria seiva da vida. Ele faz tudo crescer e prosperar. Se o amor não está circulando no sistema, inevitavelmente os níveis de dopamina e serotonina, entre outros hormônios, ficam baixos, e portanto você fica fisicamente deprimido. Esse estado vai dificultando cada vez mais a abertura do coração e até mesmo a busca de saídas para o problema. Trata-se de mais um círculo vicioso.

Às vezes é necessário usar uma medicação para interromper esse círculo e para reorganizar a química do cérebro, mas a maioria das químicas utilizadas gera dependência, o que, na verdade, leva ao agravamento da situação. De fato, a intervenção química pode ajudar no primeiro momento, para amenizar os sintomas, mas é importante não perder o rumo da cura. É importante lembrar que a desorganização química do sistema é apenas um sintoma, e não a causa.

A causa é o amor bloqueado. E para desbloquear o amor, se faz necessário um tanto de coragem para romper com a mecanicidade, ou seja, romper com os condicionamentos que o impedem de ver a vida através de outro ângulo.

Muitas vezes, tudo parece estar muito bem na sua vida material, mas você continua insatisfeito e deprimido. Por mais organizada que esteja a sua vida, você sente que algo está fora do lugar, embora não consiga identificar o que é. Às vezes é difícil reconhecer, mas sempre há uma pista. Nesse caso, eu sugiro que você se pergunte: se eu não tivesse que ganhar dinheiro nem agradar alguém, o que eu faria da minha vida? O que eu faria com o meu tempo?

Essa é uma boa pergunta que pode ser o início de um processo de cura. Se você se permitir ir fundo nesse estudo, será capaz de ver que não está dando passagem para aquilo que a sua alma quer manifestar. Não está dando passagem para o amor. Em outras palavras, você não está se permitindo ser espontâneo porque está preso em um papel social.

Pergunte a si mesmo: quem está atuando nesse papel? Quem é o personagem dessa história?

Sempre digo e repito que é preciso coragem para mudar, porque muitas vezes você se acomoda nesse personagem. O que ocorre é que a personalidade, desde cedo, foi treinada para fazer o que é certo de acordo com os padrões da sociedade, e até certo ponto isso é necessário, mas você deixa de ser criança e se torna um adulto preso nesses limites. Você cresce fisicamente, mas no aspecto emocional continua no mesmo ponto. Então você faz o que é correto (seguindo os padrões sociais) para receber amor e atenção, mas isso o impede de ser espontâneo e natural. E quando você condena a espontaneidade, condena também a sua saúde mental. E um dos principais sintomas dessa repressão da sua espontaneidade é justamente a depressão.

Um aspecto comum em todos os quadros depressivos é o sentimento de solidão, de estar separado e, consequentemente, desprotegido. Em geral, a pessoa se isola e deixa de se relacionar com o mundo. Pode até conseguir ter sucesso em certas áreas da vida – o que traz um alívio e esconde, por um tempo, os sintomas da depressão. Às vezes os sintomas aparecem quando a pessoa está sozinha e, ao acordar no meio da madrugada, é tocada pelo desespero, ou ainda quando não quer se levantar pela manhã. Há ocasiões em que surgem sentimentos difusos e crises de pânico, mas existe sempre um sentimento de desencaixe, uma falta de sentido na vida, uma tristeza sem causa aparente. A pessoa não sabe explicar por que está triste, mas segue fazendo suas coisas de modo automático. Ela não está ali – a alma não está presente, porque se sente aprisionada e não consegue expandir. Talvez a frase que melhor expressa o estado de depressão seja "a vida é sofrimento".

Vejo que, independentemente das nossas marcas pessoais, coletivamente também estamos atravessando uma zona depressiva. Quando falo coletivamente, me refiro à humanidade, à raça humana. O planeta está passando por uma zona cinzenta. Isso acontece porque a consciência está se expandindo e estamos começando a perceber essa grande desconexão que nos levou ao grau máximo de degradação ambiental e dos valores espirituais e humanos. De certa forma, estamos começando a tomar consciência da nossa insanidade.

Suportar a dor

Tenho constatado que um dos maiores desafios da jornada humana é sentir, ou melhor: lidar com aquilo que se sente. Vejo que somente a disposição para enfrentar as dores existenciais que nos habitam pode curar a humanidade, pois são essas dores que geram a nossa insanidade. Não é insano matarmos uns aos outros? Não é insano destruirmos nosso planeta? Não é insano poluir os rios? Não é insano poluir a Terra? Não é insano destruirmos a nossa fonte de vida? Na minha visão tudo isso é insano, mas trata-se de uma insanidade produzida pela dor inconsciente que carregamos.

De tão desafiador que é sentir e lidar com os sentimentos, acabamos nos colocando dentro de uma armadura. Criamos um muro entre nós e o mundo e nos tornamos insensíveis, porque esse muro nos impede de sentir. E nós fazemos isso porque, em algum nível, existe a ideia de que sentir é muito perigoso. Essa ideia existe por causa de uma memória que carregamos. Como já vimos, em algum momento da nossa biografia passamos por experiências dolorosas e difíceis de suportar e com isso precisamos amortecer a dor. Então nós erguemos um muro que é construído com muitos sentimentos: orgulho, medo, vingança, ódio, racionalização e diversos outros mecanismos de defesa. Entretanto, para seguirmos em frente na jornada, esse muro terá que ser destruído. Em algum momento, precisaremos retirar a armadura e ficar vulneráveis. Somente assim será possível aprender a lidar com os sentimentos.

Esse aprendizado é uma passagem necessária para o processo evolutivo, até porque você só pode sustentar o êxtase se conseguir suportar a tristeza, pois o canal do sentir é o mesmo. Tanto a tristeza quanto o êxtase passam pelo mesmo canal. Portanto, ao bloquear os sentimentos para não sentir a dor, você também impede a possibilidade de sentir prazer.

Certa vez alguém disse que emoções são como cavalos selvagens. Elas são indomáveis, e os sentimentos são como corredeiras de água que você não controla e não sabe para onde irão levá-lo. Mas, em algum momento, você terá que lidar com isso. Precisará aprender a enfrentar a vulnerabilidade e a incerteza que os sentimentos trazem. Ao mesmo tempo que os sentimentos podem levá-lo a visitar os calabouços do inconsciente e ativar pavores, desesperos e angústias que não se podem traduzir em palavras, eles também podem conduzi-lo a experiências maravilhosas e fazê-lo chorar de alegria e gratidão.

Lidar com os sentimentos negados é uma passagem inevitável. Se você construiu um muro bem alicerçado, isso significa que há dores existenciais tão profundas que fazem com que você tenha medo de sentir a dor do aniquilamento. E alguns sentimentos são realmente mortificantes, porém esse muro terá de ser derrubado, e isso só acontecerá quando você se dispuser a investigar; quando, de forma consciente, decidir enxergar o que está por trás dele.

Para enfrentar a dor e lidar com os sentimentos negados, é preciso ter um tanto de humildade e de coragem. Humildade para admitir que realmente as coisas não foram fáceis, mas faça isso sem redimensionar a dor, ou seja, sem fantasiar e cair no vitimismo. É preciso também ter humildade para reconhecer que a rosa tem espinhos. É necessário ter coragem para encarar tais dores, o que significa olhar para o espinho e retirá-lo. Mas retirar o espinho causa dor, especialmente se ele está acomodado na carne. E o fato de estar acomodado não significa que não dói. Pelo contrário: deve estar infeccionado, criando uma gangrena que você não sente, por estar amortecido. Então, no primeiro momento, mexer no espinho vai doer mais do que tê-lo encravado na carne.

Olhar para os espinhos significa entrar em contato com memórias e traumas que você sempre quis esquecer. Querer esquecer ou querer que algo não exista não é o suficiente. Você quer se libertar do passado, mas ele continua lá. Só é possível libertar-se do passado chegando a um acordo com ele.

Identificar nossos distúrbios, preocupações e loucuras é o primeiro passo. No entanto, entre a identificação da doença e a cura há um caminho por vezes longo. Por isso é preciso estar comprometido com a cura – isso é realmente valioso. Neste mundo, é raro encontrar pessoas que tenham essa lucidez.

Portanto, para ser você mesmo, além de humildade, é necessário ter comprometimento, coragem e firmeza para se libertar das defesas e desconstruir os muros, as armaduras e as máscaras. Para isso, você precisará tornar-se vulnerável. Só é possível manifestar o propósito da alma estando desarmado, por isso eu digo que o fato de você identificar que está se defendendo, que está brigando, que está armado é uma medida de sucesso. Só o processo de tomar consciência disso já tem o poder de despertá-lo. Quando você percebe algo que não estava percebendo, sua consciência já está expandida.

Por isso tenho dito que a maior conquista da humanidade não diz respeito aos avanços científicos, mas sim à capacidade de identificar o que foi negado e de aprender a lidar com a natureza sombria. A capacidade de tratar a dor. Mesmo com todo o desenvolvimento tecnológico e o acúmulo de dinheiro, ainda não aprendemos a lidar com a raiva, o ciúme, a inveja, a frustração... Portanto, considero algo realmente valoroso para o ser humano aprender a enfrentar esses conteúdos, ou seja, as dores existenciais que o habitam. Devido à inabilidade que temos para trabalhar com isso, simplesmente tiramos esses sentimentos do nosso campo de visão, amortecemos e desenvolvemos máscaras.

Isso não quer dizer que sou contra o avanço tecnológico e científico. Muito pelo contrário. Sou um usuário e um pesquisador de novas soluções, desde que elas estejam alinhadas com o desenvolvimento sustentável do ser humano e sirvam ao propósito maior. É fato que nos desenvolvemos muito tecnologicamente nas últimas três décadas. Nunca houve tanto dinheiro no mundo. No entanto, continuamos matando uns aos outros. Não há nada de errado com a tecnologia, com as maravilhas da arquitetura, da arte, da engenharia. Não há nada de errado com o dinheiro. A questão é o uso que estamos fazendo disso.

Vejo que a humanidade ficou parada neste ponto do estudo: ao mesmo tempo que existe a necessidade de aprender e crescer através do sofrimento, há também uma incapacidade de lidar com a dor. Esse paradoxo tem gerado um sofrimento desnecessário, por isso eu digo que se há algo de real valor neste mundo é o autoconhecimento. Esse é o caminho.

4. RENASCIMENTO

VOLTANDO-SE PARA DENTRO

Tenho recebido muitas pessoas, de todos os tipos, que, em meio a uma crise existencial, estão em busca de alguma direção. Algumas delas são muito bem-sucedidas. Outras conquistaram fama, poder e muito dinheiro. No que diz respeito a bens materiais e sociais, elas conquistaram tudo que um ser humano gostaria e poderia conquistar neste mundo, mas ainda assim sentem-se vazias e insatisfeitas. Recebo a todos, independentemente da história de vida, honrando a sua atitude, pois há que se ter muita coragem e disposição para encarar a verdade. Há que se ter a disposição para voltar-se para dentro, assim como houve a disposição de mover-se para fora.

Estando no ponto em que nada satisfaz, ou suficientemente frustrado com o mundo (assim como Sidharta Gautama, o Buddha, se frustrou com o seu palácio e toda a sua riqueza), você está próximo de uma grande mudança. Somente quando se está cansado do mundo é possível mover-se do irreal para o real, pois é preciso muita coragem e disposição para fechar os olhos e desligar-se do mundo externo.

A jornada é interna. Quando digo que o real nasce da plenitude, quero dizer que isso acontece quando, de fato, encontramos esse ponto dentro de nós. Ou seja, quando o propósito da alma (interno) se manifesta externamente. Enquanto não tocamos esse núcleo dentro de nós, tudo aquilo que produzimos é para fugir ou nos proteger de alguma coisa.

Comandos do coração

Aqueles que, de alguma forma, são chacoalhados e passam a questionar o sentido da vida começam a voltar-se para dentro. Tendo sido realmente tocado pelo Mistério da vida, cuja essência é a constante transformação e a expansão da consciência, você se sente impelido a mover-se em direção a ele. É como se você ouvisse um chamado misterioso que o leva a buscar algo maior, algo que está além da realização material. Quando isso acontece, inicia-se uma longa jornada de autoconhecimento que o conduz ao reencontro com sua verdadeira identidade e, consequentemente, à revelação do seu propósito.

Muitos, porém, passam pela vida sem ouvir esse chamado interno que está sempre convidando para seguir o caminho do coração. A verdade é que a maioria se encontra completamente surda, sem conseguir ouvir os comandos do coração. Está hipnotizada e anestesiada, em busca de dinheiro e de poder; muito concentrada em viver a vida que a mente condicionada acredita ser uma boa vida.

E muitos daqueles que puderam ouvir o chamado não terão coragem para segui-lo. Alguns buscadores da verdade já estão no caminho, mas não têm coragem para mudar. Eles querem ter uma experiência do real, mas não têm a disposição de renunciar pequenos hábitos, não têm ânimo de abrir mão de um vício. Desejam a realização, mas além de não buscar se conhecerem têm medo da transformação necessária para que ela aconteça. Então a vida passa, e eles continuam apenas sonhando com isso. Entretanto, a realização não é possível no plano do sonho. Realização é sinônimo de acordar, significa parar de sonhar.

No mais profundo, estamos falando de um trânsito do medo para a confiança. O medo nos enraíza em determinado lugar e gera um senso de segurança, mas o preço que pagamos por essa segurança é muito alto. Pagamos com a nossa alegria, com a nossa vida. Muitos não conseguirão seguir os comandos do coração, pois preferem manter essa falsa ideia de segurança.

Seguir o coração envolve riscos, pois é verdade que algumas coisas estão em jogo. Isso depende da configuração que você escolheu para a sua vida. Por exemplo, se você tem uma família, algumas leis precisarão ser respeitadas. Alguns precisarão fazer o sacrifício de abrir mão de um comando interno para cumprir certos acordos feitos durante a encarnação. E nesse caso preferirão nem saber o que diz o coração.

Para essas pessoas, o autoconhecimento pode ser um grande perigo. Porque ao conhecer a si mesmo você, inevitavelmente, entra em contato com as suas insatisfações e seus medos, o que gera um impulso de mudança. Mas é muito mais fácil e, aparentemente, seguro deixar tudo como está do que ter que desmontar um sistema já estruturado. É mais cômodo viver a mesma vidinha de sempre, esperando a morte chegar, do que se movimentar para algo novo. Mas o que elas não sabem é que, por trás desse comando do coração, existe um tesouro nos esperando. O autoconhecimento é o mapa do tesouro. E o pior é que muitos dos que sabem disso renunciam o tesouro, mesmo tendo uma ideia do que há dentro dele. No nível mais profundo, esse tesouro representa os presentes que temos a entregar ao mundo, é um símbolo daquilo que viemos fazer aqui, um símbolo da meta da alma.

Sabedoria da incerteza

Para realizar a meta, ou seja, o propósito da alma, é preciso estar disposto a navegar na sabedoria da incerteza, o que significa aprender a ouvir e seguir os comandos do coração, mesmo sem saber para onde ele quer levá-lo. Você age e entrega o resultado da sua ação para o Mistério, você renuncia as expectativas em relação ao desfecho das situações. Dessa forma, a vida se torna uma grande aventura, uma experiência na qual a mente condicionada, inevitavelmente, será desconstruída. Nessa aventura, não há garantias – tudo pode acontecer.

Ao se permitir viver essa aventura, você se abre para o campo da potencialidade pura, um espaço onde tudo é possível. Você se permite estar nesse lugar onde tudo aquilo de que precisa se manifesta, pois entra em contato com a fonte da abundância e do poder que o habita. Aqui estou me referindo ao poder verdadeiro, aquele que nasce da plenitude do seu Ser, e não da carência do ego. Ao permitir-se confiar na sabedoria da incerteza, você acessa esse espaço no qual nós somos um com o Mistério; esse espaço de Unidade, no qual as suas necessidades são naturalmente supridas pelo universo.

Eu sei que para muitos isso pode parecer mais um conto de fadas do que realidade, até porque estão longe de se permitir viver uma experiência como essa. Para aqueles que ainda estão muito identificados com o medo da escassez, esse trânsito do medo para a confiança pode ser quase impossível, mas a única maneira de saber se é possível é tentando, é correndo o risco.

Você pode escolher fazer uma transição suave. Então se programa para isso, o que pode trazer um conforto. Porque nem sempre é possível simplesmente deixar tudo para trás e seguir o comando. Se você tem compromissos e acordos a serem cumpridos, não seria sábio abandoná-los. O coração sempre o levará a agir com sabedoria e compaixão. Se você sente que precisa se mover, mas que esse movimento poderá gerar pendências, atente para a possibilidade de não ser a voz do seu coração, mas sim da mente condicionada. O coração está levando-o para a realização do seu propósito, da sua meta, do seu sonho maior. E para isso você precisa se libertar das pendências.

O coração fala através das sincronicidades, dos misteriosos sinais ou das aparentes coincidências que você não consegue explicar. Mas às vezes o condicionamento mental é tão profundo que você não consegue entender os sinais. Você desaprendeu a linguagem do coração e já não é capaz de compreender o que ele diz. Nesse caso, talvez seja necessário um tempo no qual você se permita não tomar nenhuma decisão, um tempo de respiro que serve para você relaxar e reaprender a linguagem dos sinais do seu coração.

Armadilha da dúvida

Vamos supor que você tenha ouvido um comando, prestado atenção aos sinais da vida e decidido seguir por determinado caminho. Naquele momento, sentiu que todo o universo estava a seu favor, porque tudo começou a acontecer de maneira fluida e fácil, sem esforço. Então você teve certeza de que esse era o caminho certo. Mas, no meio desse caminho, acontece alguma coisa. Um acidente ou algo que o deixa abatido. Nessa hora você se questiona: será que eu escolhi o caminho errado? Não necessariamente. É natural que, estando no caminho do coração, alguns obstáculos e desafios surjam, e isso não significa que a sua escolha tenha sido equivocada. E a prova disso é justamente o fato de, no início, todo o universo ter conspirado a seu favor.

Como disse há pouco, para realizar o propósito da sua alma, se faz necessário estar liberado, pelo menos até certo ponto, de pendências. Se o coração nos leva às vezes para a direita, às vezes para a esquerda, é porque num desses caminhos há algum aprendizado para nós. Naquele lugar existe algo para ser integrado, compreendido e curado. O coração nos guia por determinada estrada exatamente para que as purificações necessárias aconteçam e possamos estar prontos para a realização da meta maior. Mas esse processo de liberação pode ser bastante desagradável, então você se revolta, se fecha e cai na armadilha da dúvida.

O que ocorre é que, para ter coragem de seguir um caminho desconhecido, você precisa juntar todas as forças disponíveis. Precisa de toda a confiança e disposição para ir além do medo. Então nesse momento, se você estiver realmente pronto, o universo o ajuda a dar o primeiro passo, e você vive um momento luminoso, no qual tudo fluiu da forma mais perfeita possível. Até que um processo de purificação se inicia, e, novamente, você se sente inseguro, confuso e perdido. Tudo parece estar errado e você é tomado por um profundo ceticismo. Nesse momento, você se fecha até que possa amadurecer o suficiente para compreender que essa situação que causou dúvida e sofrimento faz parte da purificação. E ao chegar nessa compreensão, você sente todo o universo a seu favor. E mais uma vez se sente abençoado e tudo flui. Com esse processo, você se aproxima um pouco mais do baú de diamantes, mas logo chega um novo desafio.

Assim é a vida. O momento mais escuro da noite é aquele que antecede a chegada da luz. O momento mais frio da noite é aquele que antecede a chegada do Sol. É assim que funciona neste plano. Mas tudo isso é uma conspiração amorosa do universo para fortalecer a sua confiança e a sua vontade.

Lembro-me agora da época em que eu saía muito cedo para meditar e esperar o Sol nascer. Então o frio e uma nuvem de pernilongos chegavam com força, e tudo o que eu queria era sair correndo dali. Mas eu ia insistindo, ia ficando, até que o esplendor do nascer do Sol vinha para levar o frio e os pernilongos embora. Valeu a pena!

Renúncia ou refúgio

Outro exemplo que descreve bem os altos e baixos do percurso do caminho do coração é quando você passa por uma profunda crise existencial e com isso tem o ímpeto de se entregar para a vida espiritual. Você observa que a maneira como está vivendo não faz mais sentido e resolve deixar tudo para ir viver num *ashram* – uma comunidade espiritual.

Ao chegar nesse lugar dedicado ao espírito, você percebe a luz, o amor e a paz que vibram no local. Sente que encontrou seu lugar. Então começa a se dedicar às práticas espirituais, sente-se em paz, encaixado e até decide tornar-se celibatário. Mas, com o tempo, os desafios de relacionamento começam a surgir e você começa a ter vontade de fazer outras atividades. Isso o leva a um conflito interno. Você achou que já estava pronto para renunciar o mundo, mas ainda tem desejos, ainda tem dificuldade de se relacionar de forma construtiva.

O *ashram* é, sobretudo, uma casa da Verdade. Isso significa que, estando num lugar como esse, em algum momento você terá que entrar em contato com ela. Caso esteja nesse lugar para fugir de alguma coisa, cedo ou tarde o motivo pelo qual está fugindo irá se manifestar de uma forma ainda mais intensa, porque nesse lugar tudo fica mais definido – o preto fica mais preto, e o branco fica mais branco.

Com isso quero dizer que não importa do que esteja fugindo, você só se liberta quando pode olhar de frente. Você só se livra dos seus fantasmas internos se puder encará-los, porque quanto mais você corre, mais eles correm atrás de você. Eles começam a aparecer onde você menos espera. Onde quer que esteja, pode ser no escritório trabalhando ou no *ashram* rezando, você terá que lidar com esses fantasmas que te impedem de se relacionar de uma forma construtiva. Inevitavelmente, terá que superar a dificuldade que tem de sustentar a presença enquanto se relaciona. Inevitavelmente, terá que superar os seus medos. E talvez, para aprender isso, você tenha que voltar para o mundo.

Não importa o que você está fazendo, mas como está fazendo. O que conta é a ação ser movida pelo coração e ser realizada com presença, com alma. E fazer com alma significa estar consciente do propósito da ação. Ao agir a partir da presença, mesmo sabendo que o seu lugar é o *ashram*, você entende que a sua alma o está conduzindo de volta para o mundo a fim de resolver pendências. Se você tem a consciência do propósito da sua alma, não importa onde você esteja, qualquer lugar é um espaço ideal para a sua realização.

Mas se você está na fase de afirmação do ego, ou seja, se o seu ego ainda precisa crescer e construir coisas no mundo, não se preocupe tanto com a renúncia. Trate de realizar os seus desejos e conquistar aquilo de que precisa. Vá atrás do dinheiro que acha que precisa ganhar e da fama que precisa ter. Está tudo certo! Não caia na armadilha do ego espiritual, que acredita que o correto é renunciar a tudo isso. Você só pode renunciar àquilo que tem. Portanto, não se engane.

5. MATURIDADE

DONS E TALENTOS

O propósito é a missão, o programa da alma dentro da encarnação. Existe um propósito individual e um propósito coletivo, e ambos estão relacionados: o propósito coletivo só pode ser realizado através de cada um de nós. O propósito se revela de maneira particular na vida de cada um, dependendo dos diferentes dons que a alma traz e dos aprendizados que ela precisa absorver, mas, em última instância, só existe um propósito, o propósito maior, que é a nossa missão enquanto humanidade. Assim, o propósito individual está a serviço do propósito maior.

Como vimos, o ego também tem um programa, ao qual estou chamando de "programa externo", pois ele é criado com base em referências externas (cultura, educação, família, entre outros fatores sociais). Muitas vezes o programa do ego não tem nenhuma relação com o programa interno, que é o propósito da alma. Essa contradição tem sido a causa da maioria das crises existenciais que o ser humano enfrenta.

Ao tratar desse tema durante minhas palestras, vejo que muitos confundem o que é o propósito com aquilo que são as habilidades ou os dons através dos quais o propósito se manifesta. O propósito interno está relacionado com aquilo que a pessoa faz no mundo, mas o fazer em si não é o propósito. O fazer é um instrumento por meio do qual o propósito se realiza.

Reconhecer potenciais

Todo ser humano nasce com determinadas habilidades ou potenciais latentes, que também podemos chamar de dons. Um dom, quando desenvolvido, torna-se um talento, ou seja, algo que a pessoa faz muito bem e com facilidade. Normalmente, o talento da pessoa é algo que ela gosta muito de fazer, é uma paixão.

Vejo muitos jovens sofrerem com a dificuldade de escolher a profissão que irão exercer na vida. Essa dificuldade existe porque eles não conseguem reconhecer seus próprios dons,* não sabem o que realmente gostam de fazer. Esse é outro sintoma decorrente dos condicionamentos mentais gerados por um sistema obcecado pelo dinheiro. Vivemos em uma sociedade ambiciosa que valoriza mais o poder financeiro do que a realização pessoal. Nosso sistema educacional não proporciona à criança o contato com aquilo de que ela verdadeiramente gosta. Pelo contrário: somos obrigados a estudar temas e a aprender coisas nas quais não temos interesse ou para as quais não temos aptidão alguma e que, na maioria das vezes, não terão utilidade na nossa vida. Também somos levados a acreditar que determinadas atividades são superiores a outras porque elevam o *status* social e, teoricamente, garantem estabilidade financei-

* Ver **Chave Prática 5**: "Reconhecendo potenciais" (pág. 95).

ra. A profissão muitas vezes é escolhida de acordo com as tendências do mercado, e nossas paixões acabam sendo vividas esporadicamente como *hobbies* de fim de semana.

A mídia e as redes sociais também exercem uma grande influência nas nossas escolhas. Nelas, personalidades, atitudes e estilos de vida são cultuados, personagens inspiram comportamentos e pessoas tornam-se ídolos. A publicidade gera desejos e fomenta o consumismo. Em outras palavras, a mídia instiga o desejo de poder e a ganância. Ela alimenta o falso eu e tudo aquilo que dá poder ao ego. E o ego é muito ambicioso. Ele sempre sonha com coisas muito grandiosas e fantasia que veio para fazer algo muito importante e especial, ou que, em algum momento, se tornará rico e famoso. Muitas vezes isso acontece, mas, na maioria dos casos, isso não passa de uma fantasia que impede a pessoa de ter acesso àquilo que ela realmente veio fazer. A partir de uma imagem mental, o indivíduo idealiza um estilo de vida e acaba perdendo muito tempo tentando realizar algo que não tem nada a ver com aquilo que ele realmente veio realizar.

Por exemplo, vamos supor que o ego queira ser um grande líder espiritual ou um artista famoso, mas a alma veio com o programa de viver em uma comunidade espiritual para fazer *seva*. A alma veio para varrer o salão, limpar os vidros, cozinhar para muitas pessoas, regar flores, cantar mantras, rezar e meditar. Imagine a contradição. Uma pessoa muito ambiciosa, que sonha com fama e poder, mas cuja realidade desenha caminhos completamente opostos a esse, no mínimo, torna-se ansiosa e angustiada. É comum que esse indivíduo carregue angústia e, dependendo da dimensão do conflito interno, é normal que haja depressão ou até mesmo outras doenças físicas e psíquicas. Isso ocorre porque por dentro a pessoa está sendo dilacerada: uma força a está puxando para um lado, e outra força a está puxando para outro. O ego alimenta grandes expectativas, mas a alma não tem tantas ambições.

Portanto, não somos incentivados a reconhecer, dar valor e desenvolver nossos verdadeiros dons, aqueles que são natos. E isso impossibilita a realização do programa da nossa alma. Para se desenvolver, um dom precisa ser cultivado. Podemos dizer que plantamos dons para colher talentos. Para crescer e dar flores e frutos, uma planta necessita de água e de luz, além de um solo fértil. Da mesma maneira, nossos dons precisam ser alimentados. E isso é feito através da dedicação. Alguns dons são tão naturais que não exigem nenhum esforço para se desenvolver. Outros precisam de uma certa dedicação e de força de vontade. Alguns dons se manifestam logo cedo na vida. Outros irão se manifestar somente com a maturidade. Isso ocorre porque determinados dons servirão apenas para a realização do programa externo e por isso serão desenvolvidos durante o período de afirmação do ego, que é quando o indivíduo se dedica exclusivamente ao desenvolvimento pessoal e ao sucesso material. Então, com o passar do tempo, quando o ego já foi suficientemente cristalizado e a pessoa começa a ser informada de que deve haver uma razão maior para estar encarnada aqui, novas habilidades começam a ser reveladas e desenvolvidas.

Alguns não passarão por esse processo, porque de alguma maneira o programa do ego já se relaciona com o programa da alma. Estes continuarão manifestando os mesmos talentos durante toda a vida. O que muda nesses casos é que, em algum momento, o fazer ganha uma nova qualidade – a ação ganha alma. A ação, que antes era feita de forma automática e superficial, apenas para corresponder às expectativas externas, passa a ter um novo significado. Apesar do talento e da paixão envolvidos na ação, ela ainda estava a serviço do ego e da carência. Então chega o momento em que a ação é ressignificada e passa a servir ao propósito maior. Em outras palavras, o *karma* se alinha com o *dharma* e ocorre um encaixe.

Ser e fazer

Quando ocorre esse encaixe – o alinhamento entre os propósitos externo e interno – somos tomados por uma profunda sensação de completude e pertencimento. É como se finalmente voltássemos para casa depois de muitos anos de viagem. Isso se dá porque, quando rompemos com a nossa essência e construímos uma falsa identidade, ocorreu um desencaixe entre aquilo que somos e aquilo que fazemos. Nós deixamos um personagem fictício tomar conta da nossa casa e passamos a fazer aquilo que agrada aos outros e agrega valor a essa falsa ideia de eu. Por isso esse encaixe equivale a um reencontro consigo mesmo.

E a partir desse reencontro, que é fonte de uma grande alegria, a verdade de quem somos começa a se manifestar através das nossas ações. Porque aquilo que fazemos está intimamente relacionado com aquilo que somos. Na verdade, o *ser* e o *fazer* são inseparáveis, assim como a rosa é inseparável do seu perfume. Nossos dons e talentos são fragrâncias do Ser supremo que nos habita, perfumes que são espargidos em diferentes ações no mundo. Eles são as diversas qualidades da nossa essência primordial: o amor.

Portanto, um ponto importante que precisa ser compreendido é: o propósito da alma não é aquilo que fazemos, mas sim aquilo que somos. A questão da identidade é fundamental no processo do desvendar do propósito da alma. Na medida em que vamos nos libertando da falsa identidade e ativando a lembrança de quem realmente somos, o nosso propósito também se revela. Quando se pergunta "o que eu vim fazer aqui?", você está ao mesmo tempo se perguntando "quem sou eu?".

Sem dúvida, nossas atividades se relacionam com o nosso propósito, mas, no mais profundo, o propósito é a realização daquilo que somos, ou seja, é a autorrealização. Mas essa autorrealização não se trata de uma realização profissional ou material, e sim da lembrança de quem somos.

Quando acordamos essa lembrança, inevitavelmente o programa da nossa alma se revela e nossos dons e talentos se tornam meios de expressar a verdade de quem somos. Sendo assim, passamos a ser canais para a realização do propósito maior. Por isso costumo dizer que nossos dons e talentos são os presentes que trouxemos para entregar ao mundo.

Presentes guardados

Quando ocorre esse alinhamento entre o interno e o externo, entre o *dharma* e *karma*, entre o *ser* e o *fazer*, nós sentimos alegria em acordar pela manhã para colocar nossos dons e talentos a serviço do bem maior, porque se estão alinhadas com o propósito da alma, nossas ações naturalmente estão servindo ao propósito maior. Então nós sentimos um grande conforto em estar onde estamos e fazer o que fazemos.

Muitos, porém, ainda não podem ter essa experiência, pois não estão conscientes dos seus dons e ainda menos conscientes do propósito da alma. Muitos outros até estão conscientes dos seus dons, mas, por alguma razão, se recusam a colocá-los em prática.

Sempre que entro nesse assunto, lembro-me de uma história que me toca muito pela riqueza de símbolos. Trata-se de uma passagem bíblica que faz alusão a alguns dos obstáculos que o buscador enfrenta durante o processo de despertar da consciência, que é o caminho da autorrealização.

Jonas era um fervoroso buscador da verdade. Ele costumava ouvir a voz de Deus falando com ele. Então, em dado momento, Deus falou com ele: "Jonas, vá para Nínive. Eu quero salvar aquele povo e quero fazer isso através de você. Eu vou falar através de você para salvar aquele povo." Jonas, porém, não gostou nem um pouco do comando e decidiu pegar uma embarcação que ia justamente para o lado oposto. Ele foi para o porão do barco e lá entrou em sono profundo. Então Deus mandou uma tremenda tempestade. O barco começou a balançar de um lado para outro. Todos começaram a ficar desesperados pelo risco de morte iminente. Então alguém encontrou Jonas, o acordou e disse: "Como você pode dormir num momento como esse?"

Naquela época, costumava-se jogar dados para fazer adivinhação e para se comunicar com o plano espiritual. Então eles jogaram os dados e descobriram que a tempestade estava acontecendo porque havia um estranho no barco. Imediatamente, eles constataram que era Jonas e o jogaram no mar. Naquele momento, a tempestade parou, e Jonas foi engolido por um monstro marinho. E quando estava dentro da boca do monstro, ele se lembrou de orar a Deus. Foi quando novamente ouviu a voz dizendo: "Jonas, vá para Nínive."

Por que Jonas não queria ir para Nínive? Porque guardava mágoas e ressentimentos contra o povo de lá. Ele não queria que aquele povo fosse salvo. Estava preso numa vingança.

Quando você se recusa a seguir o caminho do coração, quando se recusa a colocar seus dons e talentos em movimento, isso quer dizer que você está dormindo, que está profundamente amortecido. Então Deus manda uma tremenda tempestade que faz tudo à sua volta balançar, e você diz: "Não estou sentindo nada. Não tenho nada a ver com isso." Tudo parece estar muito bem, muito normal, porque você está completamente amortecido. Você segue nesse estado até que algo aconteça. Você é engolido por um monstro e entra no lugar onde fica prestes a ser triturado. A boca do monstro representa um lugar de purificação intensa. E somente quando passa por um susto desse tamanho você volta a sentir e a perceber que tudo que está acontecendo é para que você abra mão de suas mágoas, ressentimentos e vinganças. Tudo é para você aprender a se entregar para o fluxo da vida que está sempre te levando a realizar o seu propósito.

Enquanto guardar mágoas e ressentimentos na forma de pactos de vingança (o que significa que você não avançou no processo de purificação da natureza inferior que te habita), não será possível entregar seus presentes ao mundo. Você pode até entregar alguma coisa, mas não tudo. Estando preso a um pacto de vingança,* não consegue dar o seu melhor.

---

* Ver **Chave Prática 2**: "Liberando sentimentos guardados e pactos de vingança" (pág. 88).

Muitas vezes, você se recusa a oferecer seus presentes porque tem medo da própria grandeza, tem medo do sucesso. Isso parece absurdo, mas é muito comum.

O medo da grandeza ou do seu potencial revelado é o desdobramento de um outro medo: o de superar os pais. Algumas pessoas mantêm relações de codependência com seus pais, e essas relações se mostram através de um sentimento de impotência diante deles. Então, inconscientemente, essas pessoas não querem se desenvolver, pois acreditam que, ao colocar seus dons em movimento, irão superar seus pais e destruir a relação de codependência. Alguns ainda conseguem se desenvolver, mas mantêm uma certa subserviência por causa da culpa de estar melhor do que os pais. E alguns sofrem tanto com essa culpa que precisam morar longe dos pais para poderem prosperar, pois não conseguem romper com a miséria da família e da ancestralidade.

Esse é um aspecto da natureza inferior difícil de ser compreendido. É uma forma de manter os círculos viciosos de sofrimento. Isso ocorre porque, lamentavelmente, o ser humano se acostumou com o sofrimento. São séculos e séculos de ignorância a respeito do propósito maior da vida e de inconsciência sobre a nossa própria natureza inferior. Nós aprendemos a nos defender acusando os outros. Não conhecemos nossa própria maldade e assim seguimos procurando culpados para nossas misérias. E a forma que encontramos para sobreviver em meio à miséria foi sentindo prazer no sofrimento.

É por isso que eu insisto na importância do autoconhecimento. Precisamos tomar consciência das nossas maldades; precisamos conhecer os cantos escuros da mente, que são os aspectos sombrios da personalidade, para podermos purificá-los do nosso sistema. A purificação da natureza inferior é a fase do processo de autoconhecimento na qual nos dedicamos à exploração da consciência para identificar aquelas partes de nós mesmos que, por alguma razão, não aceitamos e escondemos, e que agem à revelia da nossa vontade consciente, sabotando nossa felicidade. Enquanto não evoluímos o suficiente nesse processo, não podemos ser verdadeiramente felizes e prósperos.

Quando entrega os presentes que trouxe para compartilhar, quando está feliz com aquilo que faz, você se torna um elo na corrente da felicidade e da prosperidade – a felicidade e a prosperidade passam por você para chegar aos outros. Seus dons e talentos, quando colocados em movimento, são o amor agindo através de você. E isso naturalmente gera mais felicidade e prosperidade, criando um círculo benigno.

Entretanto, existem aquelas pessoas que já podem entregar seus presentes, mas ainda não se harmonizaram com o fluxo da prosperidade. Elas reconhecem seus dons e talentos e até conseguem colocá-los em movimento, mas quando isso envolve dinheiro, tudo fica mais complicado. É como se houvesse um bloqueio que as impede de dar o que têm para dar. Nesse caso, existe um não inconsciente para a prosperidade, o que significa que, provavelmente, há uma imagem, uma crença em relação ao dinheiro. Existe uma dificuldade em lidar com essa energia.

Pactos de vingança

Se você já tem consciência dos seus dons e talentos, mas de alguma forma se sente impedido de colocá-los em movimento; se você não se sente confiante para fazer aquilo que tem vontade, mesmo sabendo que pode realizá-lo, fique atento para a possibilidade de estar preso em um pacto de vingança. No mais profundo, sempre que existe um bloqueio no fluxo da energia vital (depressão, tristeza, preguiça, raiva, medo), isso quer dizer que existe um pacto de vingança.

Pactos de vingança são acordos feitos inconscientemente no momento em que a entidade sofre choques de exclusão, humilhação, rejeição e repressão. São como contratos realizados entre o ego e o eu inferior. As matrizes do eu inferior funcionam como guardiãs desses contratos, mantendo o império do falso eu. Elas sustentam os pactos de vingança e ao mesmo tempo são alimentadas por eles.

Esses acordos inconscientes podem se manifestar de diferentes maneiras na sua vida, como falta de autoconfiança, impotência, rebeldia, vitimismo, entre muitas outras distorções. Inclusive a falta de fé pode ser o sintoma de um pacto de vingança contra o divino. Porque muitas vezes você culpa Deus pelo seu sofrimento. E, quando você culpa a si mesmo, a vingança se manifesta como autodestruição, autossabotagem e auto-ódio.

Os pactos de vingança podem ser identificados através de contradições. Por exemplo, você sonha em se desenvolver profissionalmente, quer prosperar, mas não consegue fazer aquilo que é necessário para que o seu sonho se realize. O fato é que você pensa que quer, mas no fundo não quer. E é justamente por isso que não consegue. Existe um não inconsciente travando o fluxo da prosperidade na sua vida.

E se você consegue identificar essa contradição; se pode, por exemplo, perceber a atuação de um pacto de vingança se manifestando na forma de falta de autoconfiança; se consegue ver a sua insegurança quando, de alguma maneira, não aproveita as oportunidades que surgem na sua vida, você está chegando a um ponto muito importante, um ponto de mutação. Identificar a atuação de um não é como identificar um monstro interno que pode estar sugando a sua energia vital há muito tempo. Mas esse monstro ainda é somente um soldado raso do batalhão do eu inferior. Certamente, há um general por trás dele, dando as ordens. Então, ao chegar nesse ponto, você precisa se aprofundar no processo de autoinvestigação para que possa conhecer esse general e desfazer esse contrato com o mal.

PROSPERIDADE

A verdadeira prosperidade só pode chegar quando estivermos livres dos pactos de vingança a ela relacionados e do medo da escassez, que é outro aspecto da natureza inferior que precisa ser identificado e compreendido.

A prosperidade nasce da confiança. Uma pessoa próspera não tem medo da falta. Ela está sempre relaxada, porque não se preocupa com o dinheiro. É claro que é preciso saber fazer contas e honrar compromissos, mas não é necessário se preocupar. Ser próspero não significa, necessariamente, ter uma conta bancária muito recheada. A prosperidade não tem a ver com o tanto de dinheiro que você tem, mas sim com a confiança de que todas as suas necessidades serão atendidas, independentemente disso. E o dinheiro surge como uma consequência natural dessa confiança.

Já falei sobre a riqueza que é construída pelo medo da pobreza. Uma riqueza que gera estresse porque, mesmo tendo muito dinheiro, a pessoa não se permite relaxar e usufruir de suas posses, justamente porque não confia que a vida suprirá suas necessidades. Ela está sempre insegura, com medo de que alguma coisa falte, e com isso não consegue desfrutar nem compartilhar o que tem.

Nesse ponto, quero salientar uma questão muito importante a ser compreendida: a prosperidade sobrevive do compartilhar. Não é possível ser verdadeiramente próspero sem que se compartilhe o que é recebido. Você pode acumular dinheiro e conhecimento, pode ter muitos talentos e muitas ideias, mas se não compartilhar (o que significa não colocar em movimento), inevitavelmente o fluxo da prosperidade será bloqueado.

Assim como você recebe, precisa aprender a dar. Isso porque a prosperidade é um fluxo de energia, o que significa que ela está em constante movimento. Um fluxo é algo passando, mas quando você tenta pegar o que está passando apenas para você, esse fluxo acaba sendo obstruído. Se você não compartilha o que recebe, o fluxo obviamente é bloqueado.

Normalmente, a pessoa que mais tem medo de não receber é a pessoa que menos consegue dar. O medo faz com que ela não confie que irá receber de volta o que tem para dar, e com isso ela não entrega e acaba também deixando de receber. Esse é um dos sintomas do medo da escassez, que é um desdobramento da falta de confiança.

A confiança é uma virtude da alma, um fruto maduro da árvore da consciência. Ela nasce de um coração purificado. Você não pode forjar esse estado com a mente. O que você pode fazer é dedicar-se ao autoconhecimento para que possa acessar as imagens e crenças* que te impedem de confiar.

Gênese da insegurança

Nos meus estudos enquanto psicólogo e na minha experiência como buscador e mestre espiritual, tudo que pude pesquisar me levou a constatar que o medo da escassez surge, principalmente, a partir da relação com a mãe ou com o feminino. A relação com o pai também influencia, porém isso acontece mais tarde. As primeiras influências ocorrem através da mãe, pois ela é o portal pelo qual chegamos aqui. Em outras palavras, podemos dizer que a insegurança primordial nasce de uma distorção do feminino e se perpetua principalmente através da distorção do masculino. Vamos compreender melhor isso.

Independentemente do gênero que se manifesta em nossos corpos, todos temos uma porção masculina e uma porção feminina dentro de nós. A vida neste plano se manifesta no equilíbrio entre esses dois princípios opostos, o masculino e o feminino. E assim como se manifesta na natureza, essa polaridade existe dentro do ser humano.

Todos nós temos virtudes masculinas e virtudes femininas que, quando distorcidas ou desvirtuadas, se transformam naquilo que chamamos de "defeitos". Por exemplo, a força é uma qualidade masculina que, quando distorcida, se manifesta como agressividade e desejo de dominação.

---

* Ver **Chave Prática 1**: "Identificando insatisfações, contradições e crenças" (pág. 87).

A confiança, por sua vez, é uma qualidade feminina que, quando desvirtuada, se manifesta como insegurança ou submissão. A distorção do feminino se alimenta da distorção do masculino e vice-versa.

Compreendo que a confiança é a qualidade feminina mais necessária para o processo do despertar do amor. Sem ela, a autorrealização não é possível. A confiança está intimamente relacionada com o amor. Se você não confia, não ama, pois a confiança é como uma ponte para o amor. Se observar as relações humanas, você verá que o amor não cresce se não houver confiança. Se o relacionamento estiver contaminado pela desconfiança, mesmo que seja por uma pequena porção dela, isso impossibilita o crescimento do amor.

Tenho dito que os relacionamentos afetivos são o melhor instrumento de aferição para sabermos onde estamos na jornada evolutiva. Através deles, é possível perceber como estamos em relação aos nossos pais, que representam os princípios feminino e masculino dentro de nós. Neles, a confiança ou a falta dela ficam bastante claras, e o melhor termômetro para medir isso é observar quanto podemos deixar o outro livre, quanto o amor se abala com a atitude do outro.

Dentro da esfera do feminino, a mãe é, sem dúvida, o maior símbolo. E a nossa conexão com o feminino através da mãe é algo realmente profundo: ela é o veículo por meio do qual chegamos nesse plano. Hoje em dia já existem comprovações científicas de que a criança recebe todos os impactos do ambiente enquanto ainda está na barriga da mãe. E não somente do que acontece no entorno, mas do que acontece no mundo psicoemocional da mãe, com todas as suas dúvidas, medos, alegrias e tristezas. Nós ficamos dentro da barriga da mãe por nove meses e com isso experimentamos o mundo pela primeira vez por meio dela. Começamos a receber as primeiras influências externas através do leite materno. Às vezes o leite chega com sabor de rejeição, impaciência e raiva; e às vezes o leite não chega. A partir daí, crenças começam a ser formadas, e o medo da escassez começa a se instalar no nosso sistema.

Isso quer dizer que o medo da escassez não se relaciona somente com a falta de dinheiro, mas também com a falta de acolhimento, de carinho, de cuidado – com a falta de amor. Esse medo de não ser amado se manifesta como sentimento de não pertencimento, insuficiência, impotência e inadequação, entre outros sentimentos negativos. E esses sentimentos se traduzem em crenças que dizem constantemente: "Eu não consigo aquilo de que preciso" ou "eu não mereço isso de que preciso". Tais crenças funcionam como comandos para o subconsciente, e dessa forma acabamos criando nossa realidade. A partir desses comandos, situações da vida que reforçam essas crenças começam a acontecer, e inicia-se um círculo vicioso.

O contrário também é verdadeiro: quando o leite é amoroso, ou seja, quando a criança recebe a informação de que está sendo bem alimentada, acolhida, recebida e cuidada, a confiança começa a ser instalada no seu sistema. Um núcleo de fé é instalado dentro de você e assim a sua autoconfiança dificilmente é abalada.

Pelo fato de o contato com a mãe ser tão determinante para a formação dessa base de autoconfiança, eu sempre enfatizo a necessidade de reconciliação com o feminino, não somente na forma da mãe, mas também na forma da natureza, do corpo humano e das mulheres em geral. Precisamos reaprender a confiar. Digo reaprender porque, na verdade, nós nascemos confiando, mas em algum momento nossa confiança é quebrada e aprendemos a sentir medo.

O medo é como um supervírus. Não existe um remédio específico para ele, e o seu tratamento é bastante difícil. Há muito tempo estamos tentando nos curar do medo. E, muitas vezes, quando temos a impressão de estar livres dele, a vida traz situações que fazem com que o medo volte com força total. Nesses momentos, é de grande valia acordarmos a lembrança de que tais situações servem justamente para ampliarmos nossa percepção até o ponto em que possamos identificar as armadilhas do medo antes de cair nelas. Essa percepção só é possível quando nos libertamos da crença de que não podemos receber aquilo de que precisamos. E isso só é possível por meio do perdão. Enquanto não perdoarmos as nossas mães, não perdoaremos o feminino, e, se não perdoarmos o feminino, seguiremos destruindo o planeta e as nossas próprias vidas.

Quando você se reconcilia com o feminino através do perdão, o medo deixa de ter poder sobre você. E se o medo não tem mais poder, o ódio também se torna impotente – porque o ódio só tem poder por causa do medo. Ódio e medo andam de mãos dadas, mas na base está o medo. A sombra da mãe (distorção do feminino) acorda o medo em você, e através do medo ela acorda o ódio e a dor que vem com ele. O ódio se perpetua através da sombra do pai (distorção do masculino). Então se a sua consciência está identificada com a sombra dos seus pais, inevitavelmente você sente a dor da carência. E a partir da carência surgem muitos outros sintomas: ciúme, inveja, competição, impotência, avareza e todo tipo de miséria. Mas se a sua consciência está identificada com a luz dos seus pais, você compreende que essa sombra é uma ilusão, e tudo se transforma.

Para quem está no caminho do autoconhecimento e da autorrealização, eu sinto que algumas perguntas são importantes: quando perdi a confiança? Quando passei a duvidar e a ter medo? Como posso confiar? Essas são questões significativas que podem ajudá-lo a mapear as crenças que dão sustentação ao medo.

Às vezes você dá um passo em direção à confiança e diz: "Ok, eu vou confiar!" Então resolve seguir os comandos do seu coração, mas se alguma coisa não acontece da maneira como imagina, você se frustra e novamente deixa de confiar. Ocasionalmente faz parte do aprendizado da confiança quebrar a perna, porque para se libertar do medo e crescer em autoconfiança você precisa viver uma experiência como essa. E a verdade é que não há garantia nenhuma de que as coisas sempre serão como você espera. Faz parte do aprendizado da confiança correr riscos. Então aos poucos você chega num lugar de confiança interna no qual as dúvidas se encerram e você tem certeza de estar no lugar certo, mesmo que tudo pareça estar errado. Essa é a verdadeira confiança, aquela que independe do que está acontecendo no mundo externo, pois ela vem de dentro. Essa confiança remove qualquer semente de dúvida e providencia para que todas as suas necessidades sejam atendidas. Ela liberta seu sistema do medo, especialmente do medo da escassez.

Dinheiro é energia

Vimos que o medo da escassez se relaciona com diversos elementos, não somente com o dinheiro, e que, no mais profundo, o medo original é o de não sermos amados. Mas, sem dúvida, um dos desdobramentos mais importantes do medo da escassez é o medo da falta de dinheiro e de recursos materiais.

O dinheiro é uma poderosa energia de troca. Para recebermos essa energia, precisamos oferecer algo por ela. Fazemos algo para recebê-la e a utilizamos conforme nossas necessidades, o que também gera determinado tipo de energia. Entretanto, o dinheiro é uma energia neutra: em si, ela não é positiva nem negativa. O que determina sua qualidade são o uso e o valor que lhe damos. Assim, do mesmo modo como ela pode nos ajudar a realizar a jornada, também pode dificultar muito e até nos destruir. Isso porque facilmente a transformamos em ganância, obsessão por poder e avareza, o que pode se desdobrar em várias outras distorções. Assim, o que determina se essa energia agirá de forma negativa ou positiva em nossas vidas é a nossa capacidade de lidar com ela, o que significa lidar com os conteúdos psicoemocionais que projetamos no dinheiro.

Se olharmos para a situação econômica mundial, por exemplo, poderemos constatar que o ser humano vem tendo grande dificuldade em lidar com essa energia. A ganância tem feito com que sejamos canais de uma crueldade sem tamanho. Mesmo com tanto dinheiro circulando e com a abundância dos recursos naturais, grande parte da população ainda sofre com a miséria e a fome. Uma pequena minoria detém a maior parte da riqueza do planeta, enquanto a maioria ainda luta pela sobrevivência. Por causa desse mau uso, essa tão poderosa energia se tornou uma ameaça para o processo evolutivo do ser humano.

São muitas as crenças a respeito do dinheiro, o que acaba transformando essa energia em algo que vai além daquilo que ela realmente é. Nós damos ao dinheiro um valor emocional extremamente alto. Projetamos nele questões que nada têm a ver com a sua função no mundo. Isso ocorre devido a distorções que geram crenças e imagens em relação ao dinheiro. Por exemplo, quando os pais, por não conseguirem dar afeto, carinho e atenção para um filho, acabam tentando suprir essa carência de amor comprando coisas para ele, isso faz com que a criança relacione o afeto ao dinheiro. Então o dinheiro deixa de ter um uso instrumental e passa a ser uma necessidade simbólica. Ele deixa de ser apenas um elemento de troca para ser algo que supre uma carência afetiva.

Outro exemplo é a crença mencionada anteriormente de que o dinheiro compra tudo, inclusive a felicidade. No senso comum, ter dinheiro é sinônimo de ter sucesso na vida. Existem outros indicadores de sucesso, mas, por causa dessa crença, a base para uma vida bem-sucedida é ter bastante dinheiro. Desde cedo somos programados a acreditar que, para sermos felizes, precisamos de sucesso e, portanto, precisamos de dinheiro. Nós precisamos "vencer na vida", o que significa ter reconhecimento profissional, fama e, principalmente, dinheiro.

Vencer na vida

O dinheiro, portanto, transformou-se num sinal de sucesso; um símbolo de vitória. Só posso vencer se tenho dinheiro, e se não o tenho sou um perdedor, um fracassado. Esse é o senso comum a respeito do sucesso. Mas, por razões óbvias, esse conceito precisa ser revisto – precisamos ressignificar o sucesso. Já tivemos provas suficientes de que a busca por esse sucesso que depende do acúmulo de dinheiro tem nos levado ao fracasso. A nossa história, assim como a atual situação planetária, demonstra que temos falhado em nossas tentativas de alcançar a felicidade. O fato é que nunca estivemos tão infelizes. Nunca estivemos tão deprimidos, tão pobres, perdidos, confusos, ansiosos, doentes. Isso não é vencer, isso é fracassar.

A principal causa desse fracasso é o esquecimento da nossa identidade espiritual e a inconsciência em relação ao propósito maior da vida. Estando desconectados de nós mesmos e do nosso propósito, agimos como se o corpo fosse a realidade final e, consequentemente, somos guiados pelos impulsos do corpo. Inconscientes de que existe um princípio espiritual que permeia toda a existência e que tem ascendência sobre o mundo material, obviamente nos rendemos às leis que o regem. Com isso o sentido da vida passa a ser a satisfação das necessidades do corpo. Essa é uma profunda distorção da realidade. Com base nessa ideia de que somos apenas um corpo desprovido de alma, nascem sucessivas ondas de distorção. E a partir disso criamos todos os sistemas que regulam a vida em sociedade.

Na mesma medida em que não percebemos a alma que nos habita, não percebemos a alma que habita o outro. Percebemos somente o corpo e com isso julgamos tudo pelas aparências. Por não sermos capazes de perceber a alma que está por trás de toda a criação, facilmente coisificamos a vida, transformando tudo em produtos de consumo. Com facilidade, comercializamos tudo para obter mais dinheiro. Se não podemos ver a alma de uma árvore, de uma montanha, de um rio; se desconhecemos as leis espirituais que regem a vida neste plano, respeitamos apenas as leis materiais que dizem respeito basicamente à necessidade de sobrevivência.

E, se a única razão da vida é a sobrevivência, valores humanos e espirituais deixam de ter sentido. Nessa lógica, o que importa é ter poder sobre o outro e sobre o mundo material. Na luta pela sobrevivência, superior engole inferior. E não existe espécie alguma neste planeta que tenha o sentimento de superioridade que o ser humano tem. O ser humano se considera superior a tudo e coloca tudo a serviço da própria sobrevivência. E quando nos consideramos superiores a outros seres humanos, fazemos deles escravos para satisfazer nossas necessidades.

Nesse jogo de superioridade e inferioridade, quem reina é o ego. Ele está sempre comparando e julgando a partir da falsa ideia de eu. O ego humano encontra-se completamente doente, tomado pelo egoísmo. Ele só consegue ver a si próprio ou aquilo que considera ser seu. Tudo o que o ego faz é para satisfazer suas necessidades pessoais ou, no máximo, para satisfazer a família (que também está a serviço da satisfação das suas próprias necessidades). O ego é regido pelo medo da escassez e faz de tudo para acumular dinheiro, acreditando que dessa forma irá garantir sobrevivência, proteção, segurança.

Esse desespero por acumular dinheiro e bens materiais nasce do esquecimento da verdadeira identidade. Sem ter consciência de quem somos, corremos atrás do poder material sem estabelecer nenhuma conexão com o propósito da alma. Essa distorção tem nos conduzido ao fracasso e ao sofrimento. Estamos sempre frustrados, sempre querendo algo mais. Isso ocorre porque, na realidade, a sobrevivência não é o suficiente para o complexo que é o ser humano. A sobrevivência é o suficiente para o corpo, mas não é suficiente para a alma que habita o corpo. A alma só pode sentir-se plena quando o seu programa é realizado.

Precisamos encontrar um ponto de equilíbrio. A jornada tem que ser autossustentável. Matéria e espírito necessitam se harmonizar. É verdade que precisamos ter nossas necessidades básicas de sobrevivência atendidas e para isso precisamos também de dinheiro, mas o fato é que o dinheiro é apenas um instrumento, um meio, e não um fim. Por causa dessas distorções, ele passou a ser o fim. O dinheiro transformou-se em algo muito maior do que ele é.

A questão é sabermos por que estamos indo atrás do dinheiro. Esse dinheiro está a serviço do que e de quem? Ao nos movermos apenas para obter dinheiro e suprir nossas necessidades básicas, inevitavelmente experienciamos a angústia da falta de sentido na vida. Mas quando o dinheiro é uma consequência da realização do propósito da alma, quando está a serviço da autorrealização, ele se transforma numa poderosa ferramenta que pode facilitar muito a jornada.

Reconhecer nãos

Até determinado estágio da evolução, duas forças opostas agem simultaneamente dentro do indivíduo. De um lado existe um impulso de vida, que é consciente e se move em direção à construção, à união e ao amor e que costumo chamar de corrente afirmativa ou, simplesmente, de sim. De outro existe um impulso de morte, que é inconsciente e se move em direção à destruição, à desunião e ao ódio e que costumo chamar de corrente negativa ou, simplesmente, de não.

Essas duas forças opostas muitas vezes atuam simultaneamente em relação a uma mesma situação ou área da vida. Quando a corrente afirmativa está se movendo livremente (o que significa que não existem nãos bloqueando o fluxo de energia), nos sentimos abençoados e com sorte. Tudo acontece de maneira natural, sem muito esforço, e com o mínimo de movimento realizamos muitas coisas. Nesse caso, estamos harmonizados com a lei do mínimo esforço. E quando a corrente negativa está predominando, acontece justamente o contrário: as coisas não andam e nos sentimos travados. Nos esforçamos muito para realizar pouco e às vezes não conseguimos sair do lugar.

Se a corrente afirmativa está atuando na sua vida financeira, o dinheiro não é um problema para você, e tudo o que você precisa chega facilmente. Mas se existe um não atuando nessa área, você faz tudo que está ao seu alcance, mas o dinheiro não chega ou nunca é suficiente, e quando menos espera, ele desaparece. Se a corrente negativa está atuando nessa área, por mais que você tente controlar a mecânica do fluxo do dinheiro na sua vida, quando chega o fim do mês você está no negativo, sem saber por que chegou a esse ponto.

Quando o não está atuando com mais força em determinada área da vida, situações negativas se repetem e você não consegue entender por quê. Por ser inconsciente, a corrente negativa atua subliminarmente. Você não percebe a sua atuação que ocorre na forma da autossabotagem, você trai a si mesmo sem perceber. E justamente pelo fato de não perceber essa atuação, você acaba caindo em outra armadilha da natureza inferior, que é um desdobramento do mesmo não: o vitimismo. Você começa a encontrar culpados para as suas dificuldades e se distrai com o jogo de acusações. A corrente negativa atua como autoengano e gera um encantamento: você se perde nos jogos da mente e nas emoções negativas que ela gera, porque, para sustentar essa fantasia de que você é uma vítima injustiçada, muitos pensamentos e emoções precisam ser criados.

O que determina a atuação dessas duas correntes opostas é o *karma*. Algumas pessoas já nascem com a vida financeira resolvida, enquanto outras passam a vida tendo muita dificuldade nessa área. Se existe um sim, ou seja, se não existem marcas do passado que se manifestam como bloqueios no fluxo da energia na área financeira, por exemplo, então há prosperidade e abundância material na sua vida. Nesse caso, você confia e sabe que sempre terá tudo de que precisa, na hora em que precisa. Mas se existe um não nessa área, você é atormentado pelo medo da escassez. E esse medo acaba de fato gerando escassez. Inconscientemente, você atrai a escassez e dessa forma confirma a crença de que não é capaz de conseguir aquilo de que precisa. Quando isso acontece, você é tomado pela raiva e pelo ceticismo e acredita que tem motivos para reclamar e se vingar. Dessa forma, o não vai ganhando ainda mais força, e um círculo vicioso se estabelece.

O não é como um nó *karmico*, um bloqueio energético causado por choques de dor que, por sua vez, geraram crenças e imagens congeladas no sistema. Tais bloqueios que impedem o fluxo natural da energia vital, gerando distorções, só podem ser dissolvidos através da autoinvestigação, pois somente quando conseguimos identificar as crenças que dão sustentação aos "nãos" é que podemos nos libertar deles.

Nos cursos do Caminho do Coração, o método psicoespiritual de autoconhecimento que desenvolvi, diferentes maneiras de identificar essas crenças e imagens congeladas são propostas. E a partir dessa identificação inicia-se o processo de reconversão do fluxo de energia vital que, em algum momento do passado, foi distorcido e se transformou em impulso de morte. Somente através do autoconhecimento é possível transformar o não em sim. E o primeiro passo para isso é o reconhecimento da existência do não. Antes de mais nada, é necessário reconhecer que existe uma parte de você que está jogando contra, ou seja, uma parte de você não quer que as coisas melhorem. Existe uma voz interna constantemente dizendo não para a prosperidade, para a alegria, para a união e para o amor.

Eu sei que muitas vezes é difícil acreditar que se está escolhendo a infelicidade, mas eu reafirmo: se você encontra dificuldades para realizar ou obter algo que deseja muito, isso significa que existe uma contradição dentro de você: por um lado você quer, por outro, não quer. Uma das maneiras para reconhecer essa contradição interna é observando o tamanho do esforço que você precisa fazer para realizar aquilo que conscientemente deseja. Existe uma lei psíquica que determina: quanto mais freneticamente você corre atrás de algo e esse algo ainda assim escapa das suas mãos ou parece fugir de você, maior é o seu não inconsciente para isso que, conscientemente, você tanto deseja. E quanto maior o esforço, maior a sua inabilidade para lidar com esse não.

A dificuldade de lidar com o não se deve justamente ao fato de ele ser inconsciente. Você não pode lidar com ele porque ele está fora do seu campo de percepção. Aparentemente, você quer ser uma pessoa segura e autoconfiante, mas sem perceber (inconscientemente), cria situações com as quais se sente inseguro. Então retorna ao mesmo padrão de insegurança e continua sendo ciumento e invejoso. Isso ocorre porque o fato de a crença ser inconsciente amplia o poder que ela tem sobre a sua psique. Um impulso inconsciente é como um bandido que te ataca pelas costas na escuridão; é como um adversário invisível contra o qual você não tem defesas, pois não consegue enxergá-lo. Por isso, mesmo que o não represente uma pequena porção da energia, ele acaba te derrubando sempre, porque você é pego de surpresa.

O não é um sabotador da felicidade. E o processo de identificação desse autossabotador não é tão simples. É preciso ter humildade e coragem, além de muita determinação, para ver. É preciso estar realmente comprometido com a verdade, pois em algum momento o orgulho, na forma da vaidade, será ferido. Para a vaidade, é difícil admitir que você está no inferno por escolha própria. É difícil admitir que está no lugar onde se coloca. Mas quando você consegue finalmente reconhecer e admitir que é você quem escolhe não realizar os seus sonhos e desejos, é possível dar início ao processo de transformação das suas contradições – o não começa a se transformar em sim.

Tenho inspirado todos aqueles que estão comigo a buscar as raízes, as fundações do não dentro de si mesmos.* Tenho sugerido que busquem identificar as crenças que sustentam o autoengano e a autossabotagem. Para isso, sugiro que procurem se lembrar das mentiras e histórias que contaram para si próprios e que até hoje sustentam essas crenças. Pergunte a si mesmo por que você criou determinada situação. Por que você não consegue realizar isso que você tanto quer? Por que você tem esse não? Faça a relação de causa e efeito entre o passado e o momento presente, procurando identificar as situações que marcaram você e que ainda hoje têm influência na sua vida. Talvez se surpreenda ao identificar uma

---

* Ver **Chave Prática 1**: "Identificando insatisfações, contradições e crenças" (pág. 87).

crença que insiste em fazê-lo acreditar que, para você, não é possível haver prosperidade, alegria e amor. Dessa forma, você começa a decifrar os símbolos que estão nessas histórias do passado e que se relacionam com o *karma* que se manifesta no momento presente.

Se puder realizar esse processo de autoinvestigação, compreendendo que tudo que se manifesta no momento presente é um resultado de alguma escolha sua, uma nova perspectiva de vida se abrirá para você, porque as dificuldades passam a ser vistas como oportunidades de crescimento – chances de se libertar de nós *karmicos* e fechar contas com o passado. Em outras palavras, são oportunidades de ascensão.

Sofrer para ser feliz

Uma das manifestações do sabotador interno da felicidade e da prosperidade é a crença de que, para ser feliz, você precisa sofrer. Essa crença se desdobra de diversas maneiras. Começa com a ideia de que você precisa trabalhar e se esforçar muito para tirar um dia de folga; que precisa se sacrificar bastante para um dia poder relaxar (porque desfrutar da vida é coisa de vagabundo); que, para ser uma pessoa espiritual, você precisa fazer votos de pobreza... Por mais inconscientes que sejam essas crenças, elas estão instaladas no nosso sistema. Estão atuando há tanto tempo que não conseguimos perceber quanto ainda influenciam as nossas escolhas e como nos mantêm viciados no sofrimento.

O modelo de vida no qual as pessoas precisam trabalhar muito, receber pouco e relaxar menos ainda é, sem dúvida, um produto do esquecimento do propósito da vida. Como mencionei anteriormente, o dinheiro deixou de ser um meio pelo qual podemos desfrutar da vida e passou a ser o fim, pois ter sucesso é sinônimo de ter dinheiro. Com isso nos acostumamos a passar a maior parte do tempo em busca do dinheiro, mas não temos tempo para desfrutar daquilo que ele proporciona. E muitos, mesmo trabalhando tanto, não recebem o suficiente para desfrutar e ter conforto na vida. A maioria está apenas garantindo a sobrevivência.

Alguns enriquecem, pensando que um dia poderão parar de trabalhar tanto e, finalmente, relaxar e descansar em algum lugar tranquilo. Esperam a velhice chegar para viver a vida. E alguns envelhecem e continuam trabalhando muito, mesmo sem haver necessidade material, porque têm medo de lidar com a falta do que fazer. Outra crença, que também é um desdobramento da crença de que precisamos sofrer para ser felizes, é a de que somos o que fazemos. Dessa forma não podemos relaxar, porque sempre temos que estar fazendo alguma coisa.

Você já deve ter ouvido ditados populares como: "Deus ajuda quem cedo madruga" ou "É mais fácil passar um camelo pelo buraco de uma agulha do que um rico ir para o reino do céu". Essas são expressões de condicionamentos mentais que estão profundamente enraizadas no psiquismo humano. São crenças que foram instaladas no nosso sistema através da culpa e do moralismo religioso. É como se precisássemos ser crucificados e ter uma coroa de espinhos colocada em nossas cabeças para podermos entrar no reino do céu. Em outras palavras, precisamos nos sacrificar muito para merecer a felicidade.

Vejo, especialmente entre os buscadores espirituais, uma grande negação do dinheiro, uma espécie de moralismo em relação à prosperidade, e isso acaba os colocando em situações tremendamente difíceis. Muitos até se acostumam com a falta e se convencem de que a vida espiritual precisa ser austera, mas acabam dependendo de outras pessoas para terem aquilo de que necessitam. Alguns se desconectam das questões práticas da vida (deixam o trabalho e se mudam para uma comunidade espiritual) com a ideia de que precisam fazer isso para encontrar seu verdadeiro propósito, mas acabam sofrendo com a escassez. Isso não é inteligente. Trata-se de um truque da sombra para perpetuar o sofrimento.

Enquanto ainda não tem certeza do seu propósito, talvez você precise continuar trabalhando para que suas necessidades sejam atendidas. Se é verdade que você não está no lugar certo e que veio para o mundo fazer algo bem diferente do que está fazendo hoje, em algum momento você terá que se mover, mas essa transição precisa acontecer naturalmente. Pode ser que essa mudança precise acontecer depressa e que você tenha que deixar tudo, mas nesse caso não há dúvidas, pois é o seu coração mandando você agir assim – não é fuga nem autoengano. Existe uma confiança de estar no caminho certo. Mas, se ainda não há clareza, é melhor não agir precipitadamente, porque dessa forma você só gera mais *karma*. De qualquer maneira, alguém terá que pagar as suas contas.

Prosperidade material e autorrealização não são coisas opostas. O dinheiro não atrapalha a evolução espiritual. Se queremos criar uma cultura de paz e prosperidade, precisamos eliminar das nossas mentes essas crenças limitantes. A violência e o medo da escassez estão intimamente relacionados. Não é possível haver paz se a maioria da população está sofrendo com a falta. Não é possível desenvolver valores espirituais se a maioria ainda não consegue ter suas necessidades básicas atendidas.

Por tudo isso, precisamos nos harmonizar com essa energia que é o dinheiro: nem o hipervalorizando, nem o subestimando. Para algumas pessoas, o dinheiro é Deus. Para outras, o dinheiro é o demônio – ou toda a vida é dedicada ao acúmulo de dinheiro, ou não se pode ter dinheiro no bolso para não se contaminar por ele. Precisamos encontrar um ponto de equilíbrio.

No mais profundo, o que ocorre é que, assim como o sexo, o dinheiro se tornou um grande tabu. Muitos carregam culpa em relação ao dinheiro porque ele pode proporcionar certos prazeres na vida. A verdade é que o prazer é o maior tabu do ser humano.

Certamente, não estamos encarnados aqui somente para ir atrás do prazer, até porque nesse plano o prazer é um estado que ocorre no intervalo entre duas dores. Eu sei que isso pode parecer pessimista, mas é apenas realista. A dor faz parte dessa experiência material na Terra. Mas assim como a dor lhe é intrínseca, o prazer também é um direito natural de todo ser encarnado em um corpo. Em algum momento, você precisa se harmonizar com o prazer, pois ele também faz parte da realização do propósito maior da vida: a autorrealização. Em algum momento, teremos a experiência do prazer maior da vida, que é a bem-aventurança ou felicidade duradoura.

Uma pérola de sabedoria creditada ao Buddha diz que a dor é inevitável, mas que o sofrimento é desnecessário. E desnecessário significa opcional. Por estarmos encarnados em um corpo, inevitavelmente experimentamos alguma dor, mas a perpetuação dessa dor é uma questão de escolha. A dor tem uma função no plano evolutivo. Ela serve para aprendermos determinadas lições e para nos despertar do amortecimento e do sonho do apego, do medo, da luxúria e do desamor. Entretanto, o sofrimento gerado por mágoas, ressentimentos, vinganças, dramas, reclamações e acusações é desnecessário.

É importante lembrar que a vida nesse corpo tem um prazo de validade muito curto. O tempo é aquilo que temos de mais valioso. Quando você menos espera, a vida passa, o jogo acaba, por isso não desperdice o seu tempo com coisas inúteis. Não se perca na ilusão de que precisa batalhar muito para algum dia poder curtir a vida. Você não precisa conquistar o mundo para ser feliz. Você pode ser feliz agora, mesmo sem ter conquistado o mundo.

Prosperidade e serviço

Outro desdobramento do não para a prosperidade é a ideia de que o propósito da alma só pode ser realizado através de um trabalho social, de caridade, de algo que não inclui receber dinheiro. Isso acontece porque confundem a realização do propósito com o serviço voluntário, que, na tradição do yoga, é conhecido como *seva*, serviço desinteressado, que é uma prática do *Karma Yoga*, o yoga da ação.

Em primeiro lugar, é preciso compreender que ao alinharmos nossas ações com o propósito interno, independentemente do que estejamos fazendo ou do que estejamos recebendo em troca do nosso trabalho, sempre estaremos a serviço do propósito maior. Como vimos, o propósito da alma sempre se relaciona com o propósito maior, pois está a serviço dele. É possível então que o programa da sua alma envolva o trabalho voluntário em uma instituição de caridade ou comunidade espiritual, mas nesse caso você não sentirá falta de nada. Você se sentirá completo e feliz ao acordar pela manhã para realizar o seu trabalho. Entretanto, se ao realizar um serviço voluntário você tiver a sensação de que suas necessidades não estão sendo atendidas ou estiver sofrendo com o medo da escassez, talvez esse não seja o seu caminho.

É possível servir e estar alinhado com o propósito maior trabalhando em uma grande empresa e recebendo um ótimo salário por isso. O que realmente importa é o encaixe interno, é sua ação no mundo fazer sentido. Você pode fazer *seva* em qualquer lugar, até mesmo nos grandes centros urbanos. Tenho dito que a espiritualidade nos dias de hoje precisa ser prática, e isso quer dizer que ela precisa ser sustentável. O *seva*, ou serviço desinteressado, é uma forma de prática espiritual de purificação do ego que, apesar de envolver a ação, trata-se de uma prática interna. Se as suas ações estão carregadas da consciência do propósito, elas se transformam em uma prática espiritual, em um serviço ao bem maior.

Nem todo serviço voluntário estará alinhado com o propósito da alma, principalmente se você usa esse serviço como forma de fugir do mundo ou daquilo que de fato precisa fazer. É verdade que, ao colocar os seus dons e talentos a serviço do bem comum através de um serviço voluntário ou de uma doação, você está trabalhando pelo *dharma*, o propósito maior, mas nem sempre faz parte do programa da sua alma realizar um trabalho dessa natureza, justamente porque, para se alinhar com o seu propósito, você precisa ganhar dinheiro.

É possível fazer um *seva* e ao mesmo tempo ser materialmente próspero. Quando você se harmoniza com o seu propósito, naturalmente suas necessidades materiais são atendidas. Se o *seva* está alinhado com a sua missão, com aquilo que você veio fazer no mundo, inevitavelmente você terá tudo de que precisa. Isso é uma lei.

Também é possível estar alinhado com o propósito e ainda assim experimentar algum tipo de falta. Mas isso ocorre porque alguns ajustes ainda precisam ser feitos. O ego pode ter se apropriado da sua ação, então você ainda precisa trabalhar para purificar algum aspecto não compreendido. O fato é que se a sua ação no mundo estiver alinhada com o propósito da sua alma e, consequentemente, com o propósito maior, ela é uma manifestação divina, é Existência realizando o jogo através de você. E estando em sintonia com a Existência, não é possível haver falta. A falta surge quando um aspecto do ego entra no jogo e rouba a cena.

Ao realizar o seu propósito individual, você está a serviço do propósito coletivo, e, quando isso acontece, você sempre está onde deve estar. Se por alguma razão o Mistério o coloca dentro de um *ashram*, você medita e reza com alegria; se é levado a estar numa instituição social, trabalhando pela cura planetária, faz o que precisa ser feito com satisfação; se precisa estar em um grande centro urbano, trabalhando no governo, administrando uma grande empresa ou se dedicando a educar seus filhos, você faz o que é necessário com ânimo. Esteja onde estiver, você sabe que precisa estar onde está. O seu fazer deixa de ser uma compulsão do ego e se torna um serviço ao bem maior.

CONSCIÊNCIA DO PROPÓSITO

Ter consciência do propósito é sinônimo de ter consciência do serviço, pois o seu propósito nada mais é do que o serviço que você veio prestar à humanidade. E ter esse entendimento é a maior bênção que um ser humano pode receber na vida. Mas essa consciência é um florescimento, é como uma flor que desabrocha naturalmente. E esse fenômeno só acontece quando a sua personalidade está devidamente preparada. Isso significa que, até certo ponto, você já purificou o medo e o ódio do seu sistema.

Muitos criam ansiedade em relação a esse tema, e essa inquietação acaba se transformando em um impedimento para a revelação do propósito. Entretanto, é preciso compreender que a consciência do programa da sua alma é um processo que tem seu tempo. Você pode ainda não ter consciência do que veio fazer aqui, mas estar vivendo as experiências necessárias para, em algum momento, ter essa revelação. Você pode estar fazendo muitas coisas com motivos egoístas, mas que servem como uma preparação para isso. O Eu maior que te habita muitas vezes o leva para determinados lugares, para viver determinadas experiências e aprender determinadas lições que servirão para o seu amadurecimento – e a maturidade é uma qualidade fundamental para a expansão da consciência. Podemos dizer que essa preparação, esse amadurecimento, é uma das fases da realização do programa da sua alma, mesmo que você não tenha consciência disso.

O programa da alma é um. Toda alma chega a esse plano com uma visão, algo bem específico a ser compartilhado com o mundo. E mesmo que, até determinado momento, esse programa esteja dividido em diferentes fases, ele continua sendo único. A alma é sábia – conhece, entende e respeita as leis da vida. Ela sabe que, para ser bem-sucedido em alguma iniciativa, você precisa estar inteiro. Toda a sua energia precisa estar focada numa direção, porque se estiver com um pé em cada canoa, você acaba se machucando. Então muitas vezes o seu programa precisa ser realizado em etapas. E essas etapas se desenvolvem de acordo com a expansão da consciência.

O desenvolvimento das suas habilidades ou potenciais latentes também faz parte desse mesmo processo de preparação, de forma que você possa dar o que tem a oferecer. No entanto, algumas dessas habilidades só podem ser reconhecidas e desenvolvidas quando temos consciência do que viemos realizar aqui. Muitas vezes, ao tomar consciência do seu programa, você passa a ver sentido em habilidades que já tinha descoberto, mas ainda não havia se dedicado a desenvolver. Quando você se conscientiza do propósito, na maioria das vezes os seus talentos se modificam e se multiplicam, pois eles são o mecanismo, o instrumento através do qual o propósito se realiza.

Se existe algo que pode trazer sentimento de completude para o ser humano, é a consciência do propósito da alma. E o propósito começa a se revelar na medida em que você se entrega ao fluxo espiritual, o que é sinônimo de entregar-se aos comandos do coração. A realização do propósito é a manifestação da divindade através de você. Na medida em que amadurece e vai se desidentificando do falso eu, você se torna um instrumento, um canal da divindade. Aos poucos se transforma numa testemunha silenciosa que apenas observa a divindade trabalhar através de você. E a divindade usa seus dons e talentos para realizar o propósito maior.

Ação e doação

Ao desenvolvermos nossos dons e talentos, que são nossas habilidades natas, mesmo que elas ainda sejam usadas para realizar os caprichos do ego, nossas ações passam a ser carregadas de uma eficiência ímpar. O resultado das ações que nascem dos nossos dons naturais é sempre carregado de uma beleza e um brilho extra. E quando existe a consciência do propósito maior dessas ações, o resultado é particularmente luminoso, porque elas ganham uma qualidade ainda mais especial. Ter consciência do propósito é saber o seu lugar no mundo, é saber a sua função no plano divino. Você sabe que está onde deve estar. É como uma peça de um quebra-cabeça que, ao se encaixar, se torna algo maior. E esse encaixe permite que suas ações ganhem essa nova qualidade – a qualidade do serviço ou da doação.

O propósito da alma está intimamente relacionado ao serviço. Podemos dizer que serviço e propósito são sinônimos, pois servir significa ser um instrumento para a realização do propósito maior da expansão da consciência. Servir é tornar-se um canal do amor para fazer o outro crescer, prosperar, ser feliz; para fazer o outro brilhar. Ao ativar o seu propósito, o que significa colocá-lo em movimento, você se torna uma inspiração para os outros, um canal para a expansão da consciência coletiva. Em outras palavras, serviço é colocar o amor em movimento, ou seja, deixar o amor passar por você para chegar ao outro.

O *seva* é uma doação, mesmo que essa doação seja realizada por meio de uma profissão em que há um acordo financeiro. Nesse caso, o dinheiro é uma consequência da ativação do seu propósito e não está em primeiro lugar – em primeiro lugar está a consciência do serviço.

Uma sabedoria que nasce da tradição cristã diz: “É dando que se recebe.” Essa é a verdade, porém isso acontece somente se a doação for desinteressada. Esse círculo benigno de dar e receber se completa apenas quando você dá sem querer nada em troca. Somente dessa forma a energia pode circular. E o serviço somente é desinteressado quando existe uma renúncia do resultado das ações, ou seja, quando você pode fazer sem esperar reconhecimento, atenção, fama ou dinheiro. Somente dessa forma é possível experimentar o poder do serviço.

Estamos falando de uma lei espiritual (não de uma lei moral criada pela mente humana): quanto mais você dá, mais você recebe. Quando isso acontece, a sua energia é cada vez mais ativada através da energia do outro e vice-versa. E quando a sua energia cresce, você experimenta alegria, completude e conexão com a realidade maior. Você se sente cada vez mais guiado, pois quanto mais ouve e segue os comandos do coração, mais ele fala com você.

Tendo desenvolvido a qualidade do serviço, você começa a trilhar o caminho da entrega. E nessa fase o seu aprendizado é entregar os frutos das suas ações ao grande Mistério, o que significa ir além do ego, além da autoria. Você deixa de fazer para promover a sua personalidade ou para alimentar a sua vaidade.

Mas quando essa qualidade ainda não foi desenvolvida e o fazer ainda é automático e movido por interesses egoístas, falar da renúncia dos frutos das ações pode parecer até mesmo uma ofensa. Isso acontece porque o ego ainda precisa receber reconhecimento por aquilo que faz. Ele ainda precisa agregar valor à falsa identidade. Mas não há nada de errado nisso. Essa é uma passagem natural e necessária dentro do processo evolutivo da alma, até porque você precisa ter o que renunciar. Não tendo nada, a que você irá renunciar? Você precisa ter um ego para entregar. A renúncia de um rei tem um valor, a de um mendigo tem outro valor.

É muito importante não se enganar: não há nada de errado em querer reconhecimento pelo que você faz. Tudo depende do que a sua alma está precisando no momento. E também não há nada de errado em querer ser importante ou em ganhar dinheiro. Muitos são levados a servir em cargos importantes, na política ou no mercado financeiro – no olho da *matrix*. E quem somos nós para julgar os desígnios da Existência? Cada um está onde precisa estar. E estando onde precisa estar, está encaixado, mesmo que ainda não haja consciência do propósito maior disso.

Se fosse eleger o mais poderoso instrumento de ascensão, eu diria que esse instrumento é o serviço. Quando se permite servir sem querer nada em troca, você sente satisfação imediata. Eu sei que pode parecer contraditório, porque estou dizendo que o valor do serviço está no desinteresse e ao mesmo tempo afirmando que, ao servir, o seu coração é imediatamente preenchido de satisfação e alegria. Então, obviamente, alguns tentarão servir para experimentar essa alegria. Mas com isso vão se deparar com a necessidade de purificar mais um núcleo de egoísmo dentro de si, porque ainda estão fazendo com interesse, mesmo que seja o de sentir alegria.

Mas não há nada de errado em iniciar dessa maneira. Você começa a partir do interesse em experimentar a alegria e com base nisso poderá identificar os pontos que precisam ser purificados. Pouco a pouco você vai purificando esses pontos, até que possa se entregar verdadeiramente ao serviço de forma desinteressada. Até que possa fazê-lo somente por amor. E é esse serviço realizado por amor que traz preenchimento e alegria sem causa.

Ação e oração

A consciência espiritual precisa expandir em todos e em todos os lugares, pois essa é a grande meta da vida. E para que isso aconteça, a espiritualidade precisa fazer parte da vida de todos. A mensagem espiritual precisa chegar em todos os lugares – nas empresas, nas instituições públicas e nas escolas. E este é um dos aspectos positivos da era da interatividade: a grande possibilidade de compartilhamento da mensagem espiritual. Em tempos remotos, para ter acesso ao conhecimento espiritual, era necessário deixar o trabalho, a família e o conforto do lar para ir viver em um monastério ou em uma caverna no Himalaia. E agora vivemos em um período no qual o conhecimento está cada vez mais acessível a todos. É claro que existe o aspecto negativo disso, pois a banalização da mensagem também pode dar origem a uma forma de espiritualidade superficial. Porém eu sou otimista em relação a isso, porque podemos tratar essa superficialidade como uma fase ou como uma semente plantada. Se a verdadeira espiritualidade irá florescer é algo que não podemos controlar.

Como disse antes, chegou o tempo em que a espiritualidade precisa ser prática. Não é mais necessário (nem possível) estar em um *ashram* para rezar, meditar e conectar-se com o Mistério. Muito pelo contrário: tornou-se necessário aprender a fazer isso onde quer que se esteja. E para isso precisamos fazer de cada conjunto de ações uma oração ao universo. Eu vejo o *seva* como uma forma prática de oração, uma expressão de entrega ao Divino, uma forma prática de declarar o seu amor ao Mistério.

Esta é a essência do *Karma Yoga,* o caminho da liberdade através da ação desinteressada. Yoga significa união – união com a realidade maior que nos habita e permeia toda a vida. Portanto, *Karma Yoga* é unir-se ao Todo através da ação. E podemos estar cada vez mais unidos ao Todo quando renunciamos o ego. Quando conseguimos abrir mão da necessidade de crescer como indivíduos, adentramos a esfera do crescimento coletivo. Em outras palavras, começamos a transformar o egoísmo em altruísmo, que é a forma mais elevada de amor.

Quando cada minuto de ação é transformado em oração, a sua vida se torna uma constante prática de yoga. Mas para isso, você precisa desenvolver totalidade na ação,* o que significa que é necessário que você esteja plenamente atento, inteiramente presente, ocupando seu corpo a cada atitude. Essa qualidade pode ser desenvolvida através da meditação, mas também através do próprio *seva*. Enquanto faz o seu *seva,* você naturalmente está direcionando os vetores da sua vontade e disciplinando a sua mente, ao mesmo tempo em que está purificando o egoísmo do seu sistema. A prática do *seva* também te prepara para acessar a esfera mais elevada do amor, o altruísmo.

Mas durante uma fase, é natural que você oscile entre o altruísmo e o egoísmo, justamente porque a purificação ainda não está completa. Então você também não deve negar o egoísmo. É importante reconhecer que ele existe, mas ao mesmo tempo é importante não alimentá-lo. Você reconhece que ele está presente, porém não o julga. Observa a sombra, mas dá força à luz. Você dá força para o altruísmo, para o Eu maior.

Então aos poucos é possível perceber um alinhamento interno que se manifesta na forma de um sentimento de completude, de pertencimento, de encaixe. Você deixa de sentir-se isolado e dividido – se sente parte de algo maior. Você se transporta da mente para o coração. O amor passa por você e é espargido para o mundo por meio dos seus dons e talentos, e dessa maneira você se coloca como um elo na corrente universal da vida, na qual as histórias de todas as pessoas estão conectadas e na qual os destinos fluem em uma mesma direção. Você se torna um servo do Mistério.

Esse é o meu trabalho. Eu sou um servo do Mistério. Estou sempre orando para que o amor desperte em todos e em todos os lugares.** Rezo para que todos possam experimentar a principal fragrância do verdadeiro serviço, que é a alegria sem causa. Minha oração é feita de diversas maneiras, inclusive através de ações, atitudes e decisões, mas, principalmente, através

---

* Ver **Chave Prática 3**: "Totalidade na ação: assumindo o comando do seu veículo" (pág. 90).

** Ver **Chave Prática 7**: "Orando para tornar-se um canal puro do amor" (pág. 98).

das mãos daqueles que são tocados por essa mensagem e escolhem se comprometer com a missão do despertar do amor. Sou muito grato àqueles que têm oferecido seus dons e talentos para servir a essa grande meta. A gratidão, assim como a alegria sem causa, é uma flor que brota da virtude do serviço desinteressado. Que você possa ter essa experiência!

Serviço e cura

Uma das características da missão da alma humana é também sintetizar e transformar a sombra planetária, que é o conjunto das sombras dos indivíduos que aqui habitam. As matrizes do eu inferior se manifestam com mais ou menos força em cada pessoa, e essa manifestação também ocorre em nível coletivo. Muitas vezes, dependendo do lugar onde está, você percebe uma maior atuação de determinada matriz em você. Isso ocorre porque o inconsciente coletivo influencia no inconsciente individual e vice-versa. Por isso, ao transformar a sombra em você, a sombra coletiva também é transformada. Mas para que possa transformar esses aspectos sombrios dentro e fora de você, se faz necessário tomar total responsabilidade por eles, ou seja, é necessário considerá-los como unicamente seus. É verdade que a maldade está em todo o lugar, mas você precisa se responsabilizar pelo mal que age através de você.

A autorresponsabilidade é um dos elementos do processo de cura. Quando você se responsabiliza pela maldade que age através de você e se permite compreender os mecanismos pelos quais ela se manifesta por meio das suas ações, pouco a pouco a compreensão a respeito disso vai crescendo, até que a maldade perde a força e você deixa de atuar nela.

Compreensão é luz, e a luz imediatamente dissolve a sombra. É parte da nobre missão da alma iluminar, compreender e transformar os aspectos sombrios da humanidade através da purificação e transformação da personalidade. Esse é o motivo pelo qual o maior foco do meu trabalho tem sido no processo de transformação pessoal, porque ao iluminar a sombra que o habita, você ilumina também a sombra coletiva. A cada ponto de luz que é aceso dentro de você, o planeta fica mais iluminado. Quando transforma o orgulho que há em você em humildade, o mundo se torna mais humilde. Quando transforma o medo que existe em você em confiança, o mundo se torna mais confiante. O mesmo acontece com todas as matrizes do eu inferior. Com isso estou dizendo que a cura planetária depende da cura de cada um de nós.

Como mencionei anteriormente, o *seva* é uma prática de purificação do ego. E muitas vezes o processo de purificação se torna bastante difícil. É como uma máquina de lavar que entra no modo de centrifugação, e a lavagem dos *karmas* se torna extremamente intensa. É nesse momento que a tentação de parar tudo e sair correndo é grande. Isso ocorre porque essa purificação envolve revisitar situações traumáticas, reviver sentimentos negativos e dores profundas. Essa lavagem *karmica* envolve um certo sofrimento, porque toda a dor que foi amortecida e guardada durante muito tempo vem à tona nesse momento. E você revive não somente a sua dor, que é produto da sua história pessoal, mas também a dor que é produto do *karma* coletivo. O sofrimento coletivo passa pelo seu corpo para ser transmutado, e à medida que se entrega a esse processo, o seu próprio sofrimento também é transmutado.

Portanto, o *karma yogi* é um curador que ao se colocar a serviço transmuta o sofrimento em alegria. Costumo dizer que todo *karma yogi* toma veneno, porque o seu trabalho é justamente transformar o veneno em néctar. E quando falo de veneno, estou me referindo à maldade que se manifesta como crueldade. É através dela que as forças contrárias ao amor atuam no nosso sistema, tanto individual como coletivamente. A crueldade é feita de medo e de ódio, e nela está contida a dor.

Então você se torna um curador quando está pronto para abrir mão da sua própria crueldade, das suas próprias doenças. Isso significa que você precisa estar disposto a se curar. Porque se ainda não purificou pelo menos um tanto das suas próprias dores, você acaba se identificando com a dor do outro e não consegue liberá-la. Quando isso acontece, a dor se instala no seu sistema, e você fica doente. Mas, estando suficientemente maduro para não se identificar com a dor que atravessa o seu sistema, você se torna um verdadeiro instrumento de cura – você inspira sofrimento e expira alegria.

Mas isso não é algo que se aprende nos livros. Trata-se de um aprendizado que acontece através da prática. Você aprende a trabalhar pelo outro na medida em que se dispõe a servir. Você pode estar limpando o chão para o outro, varrendo o chão para o outro, mas esse é somente o aspecto externo, o aspecto material da sua ação. No mais profundo, você está varrendo *karmas*.

Qualquer ação desinteressada, feita com a consciência do propósito, tem esse poder de cura. Não há prática mais poderosa e valiosa do que servir. Portanto, sirva a todos e ame a todos. Trabalhe para que todos sejam felizes, para que todos sejam ditosos, para que todos estejam em paz. É muito limitado querer tudo isso somente para si.

6. TRANSCENDÊNCIA

DESPERTAR O AMOR

Em última instância, o propósito é um só. O propósito da alma individual é também o propósito de toda a humanidade e de tudo que existe, pois ele se relaciona com a própria essência da criação. Manifestar o propósito significa exalar a fragrância do Ser que nos habita. E essa fragrância é o amor que se encontra adormecido em nós. O propósito só pode se manifestar quando já despertamos pelo menos um tanto desse amor. Ao mesmo tempo que o amor desperta, o propósito vai se revelando, e ao mesmo tempo que o propósito se revela, o amor se expande.

Quando falo de amor, estou me referindo ao sentido verdadeiro da palavra, e não ao amor condicionado pelos desejos e caprichos do ego. Refiro-me ao amor real, que é desinteressado e incondicional. O amor real ama, independentemente daquilo que recebe em troca. Ele não depende do amor do outro para existir. Ele não quer recompensas, promessas e garantias, ele simplesmente ama.

Servir e amar

Amar, em última instância, é servir. Existe uma profunda conexão entre o amor e o serviço, pois quem ama, naturalmente, serve, e quem serve, naturalmente, ama. Da mesma forma que não pode haver amor sem liberdade, não pode haver serviço sem amor. Amar e servir desinteressadamente representam a mais elevada forma de consciência que pode haver neste planeta.

Para alguns, isso pode parecer até mesmo um pouco romântico, mas é o contrário. Estou me referindo a uma realidade: nós não estamos aqui a passeio. Não viemos para fazer umas compras no *shopping*, namorar um pouco, casar, deixar alguns filhos no mundo e depois ir embora. Viemos para servir. E enquanto não acordarmos para essa realidade, seguiremos fracassando em nossas tentativas de encontrar a paz e a felicidade. Enquanto acharmos que estamos aqui apenas para satisfazer os desejos do ego, estaremos fadados ao sofrimento.

Nós viemos para servir, mas costumo dizer apenas que viemos para amar, pois é uma forma mais fácil de assimilar e compreender. O que ocorre é que, para muitos, serviço é uma palavra que carrega conotações negativas. Normalmente, o servir é associado a um fazer subordinado, a um senso de inferioridade. E o ego se incomoda muito com isso. Inclusive, um dos elementos a serem purificados através da prática do *seva* é justamente esse orgulho, essa falta de humildade. O ego é quem se sente inferior. Ele sempre quer estar em posições especiais, fazendo somente coisas legais que julga serem mais importantes. E é exatamente isso que precisa ser transformado.

É preciso compreender o significado mais profundo dessa prática tão mal-interpretada que é, na verdade, uma das mais elevadas virtudes da alma. Servir de forma desinteressada representa um alto grau de desenvolvimento espiritual. Entretanto, principalmente no Ocidente, onde a cultura glorifica o ego e alimenta uma postura arrogante diante das coisas, servir é sinônimo de rebaixamento. Já na Índia e em outras culturas em que as principais tradições espirituais se baseiam na relação mestre-discípulo, servir está entre as práticas mais avançadas e elevadas.

Eu sei que ao falar de serviço desinteressado, de renúncia da autoria e do resultado das ações, entrega espiritual e relação mestre-discípulo, estou tocando em temas delicados, justamente por serem de difícil compreensão. Tudo isso é muito misterioso para a mente racional. Para alguns, esses temas geram até mesmo certa aversão. Isso ocorre porque nos lugares onde a cultura foi basicamente influenciada pelo racionalismo a mente e a razão têm predomínio sobre o coração e a intuição. A mente raciocina e tenta entender, mas não consegue, porque não é possível compreender com a mente o que está além dela. E certos aspectos da entrega espiritual estão muito além da mente. Para aqueles cuja configuração mental foi rigidamente formatada pela razão e que estão condicionados ao hábito de questionar e duvidar, antes de conhecer e confiar, entender o fenômeno da entrega de um discípulo para um mestre é algo extremamente difícil. Mas, independentemente do que a mente consegue entender, é fato que algumas almas vêm com o propósito mais específico de servir a um mestre.

Alguns servirão através da sua profissão, dos seus projetos pessoais ou sociais, da sua arte. Outros servirão através da entrega a um mestre, o que significa que colocarão seus dons e talentos diretamente a serviço da missão que vieram realizar. E entre estes, alguns serão levados a estar dentro de uma comunidade espiritual, vivendo uma vida de renúncia, mas estes serão poucos, até porque estamos sendo chamados a integrar a espiritualidade à vida material. A maioria dos buscadores espirituais, mesmo estando sob a guiança de um mestre, precisa viver a espiritualidade de uma forma prática, que permita que estejam na cidade, trabalhando em empresas e sustentando a família.

Mas, ao contrário do que muitos acreditam, essa configuração de vida não impede que haja uma relação profunda entre um mestre e um discípulo. Muito pelo contrário. Muitas vezes a conexão é ainda mais forte quando não se está perto do corpo do mestre, porque essa proximidade física, além de gerar purificações muito intensas, também pode causar uma série de projeções que se tornarão obstáculos na jornada. Isso ocorre porque alguns não compreendem a dimensão humana do mestre e acabam se perdendo em idealizações.

O importante é saber que a relação mestre-discípulo independe da presença física, até porque é uma relação que se dá no plano do espírito. O encontro entre um mestre e um discípulo é um fenômeno extremamente raro e precioso que muitos não poderão ter o privilégio de experimentar, justamente porque envolve elementos que ultrapassam os limites da razão humana. E um desses elementos é a devoção.

A devoção é uma esfera do amor incondicional um tanto incompreendida e julgada pela mente cética. É um aspecto mais refinado do amor, que não se pode explicar – só se pode vivenciar. Somente a arte pode tentar expressar o que a devoção representa, pois trata-se de um mistério a ser desvendado pelo coração. Não é possível pensar em devoção, apenas sentir devoção. Não é possível convencer alguém sobre a devoção, pois é algo a ser experienciado.

Quando o amor amadurece, a devoção naturalmente floresce. Até um determinado momento, a sua devoção pode ser focada em alguma forma divina, alguma imagem, algum nome ou algum mestre, mas o aspecto mais elevado da devoção é quando o amor vai além da forma ou das questões pessoais e deixa de ter um endereço ao qual corresponder. É, quando você se torna um amante da divindade, um amante da vida. E, quando isso acontece, o serviço deixa de ser uma purificação, um remédio que você usa para curar doenças. O serviço flui simplesmente porque ele se tornou a razão maior da vida.

Muitos, porém, confundem a devoção com o fanatismo, o que é um tremendo engano. Devoção e fanatismo são dimensões radicalmente opostas. A devoção nasce da experiência da verdade e o fanatismo nasce da imaginação. Ele é um produto da mente condicionada, pois se baseia em crenças: aquele que não conhece a verdade acredita na verdade – a verdade criada pela sua própria mente.

O fanático acredita ser o dono da verdade sem nem mesmo ter tido um vislumbre dela. No fundo, ele se esconde da Verdade através de uma suposta fé. Qualquer expressão que negue a sua verdade é vista como uma ameaça; qualquer um que não acredite no que ele acredita é visto como inimigo. E isso ocorre justamente porque, no fundo, ele nega a Verdade. Sua fé é baseada em crenças e verdades emprestadas – é uma falsa fé.

O fanatismo é, portanto, uma expressão do falso eu. Ele se disfarça atrás de uma máscara de devoto, mas não é nada além de uma distorção do amor.

O verdadeiro devoto é aquele que, tendo passado pelo deserto do ceticismo e pelas provas da dúvida e dos questionamentos que ela traz, teve um vislumbre da Verdade. E através dessa experiência desenvolveu as virtudes da autêntica fé e do serviço desinteressado, o que envolve humildade, aceitação e gratidão, assim como dedicação, retidão e foco. Aquele que se torna um devoto da vida acorda pela manhã e pergunta ao Mistério: “Como posso servir?” Ele se coloca à disposição do amor para servir a divindade na forma de todos os seres vivos, na forma da vida. Esse é o sentido mais profundo de tornar-se um canal puro do amor.* E isso é o que podemos chamar de entrega espiritual.

Propósito comum

Quando a devoção e o serviço desinteressado se encontram, ocorre uma poderosa alquimia. Tenho sido testemunha de muitas belas manifestações que nascem dessa combinação, principalmente quando esse fenômeno ocorre num grupo de pessoas. Quando uma alma se doa para realizar a meta maior através do amor, isso é algo realmente valoroso, mas quando

* Ver **Chave Prática 7**: “Orando para tornar-se um canal puro do amor” (pág. 98).

muitas almas se reúnem em torno do mesmo propósito, movidas pela devoção, coisas extraordinárias acontecem.

Extraordinário é superar limitações e vencer desafios; é manifestar a luz em meio à escuridão; é conseguir amar o outro mesmo quando ele está sendo canal do mais profundo ódio e da ignorância; é estar unido ao outro mesmo quando tudo leva à separação. Isso é transcendência, ou seja, é ir além do egoísmo e manifestar o altruísmo. E o que possibilita a manifestação disso que estou chamando de extraordinário é a união. Sem união, não há transcendência. A união é capaz de realizar verdadeiros milagres, porque quando unimos nossas forças (nossos potenciais e virtudes) em torno da mesma meta, nos tornamos verdadeiramente poderosos. E essa é a força que tem um *sangha,* que é uma comunidade de pessoas unidas em torno de um mestre espiritual para a realização de um propósito comum.

O *sangha* é um organismo vivo que vai expandindo conforme cada indivíduo da comunidade vai se curando e amadurecendo. E na medida em que o *sangha* expande e se fortalece, ele vai se transformando em refúgio de cura e conexão para todos aqueles que estão em busca da verdade. É por isso que o *sangha* é visto pelos budistas como uma das joias sagradas do caminho da iluminação.

O *sangha* é o corpo do mestre. E o que permite a saúde do corpo do mestre é a capacidade do *sangha* de trabalhar em união, amizade e harmonia, pois é através do *sangha* que o mestre realiza a sua missão no mundo. Um mestre só pode realizar seu propósito por meio da realização do propósito daqueles que o acompanham, pois é parte da sua missão guiá-los para essa realização. Um dos aspectos do trabalho de um mestre é justamente acordar a lembrança do propósito e ativar as potencialidades latentes daqueles que escolhem trilhar o caminho com ele, para que possam se colocar a serviço do bem maior. Na medida em que esse trabalho é feito e o discípulo começa a doar seus dons e a entregar os presentes que trouxe para o mundo, o mestre também é presenteado, pois o maior presente para um mestre espiritual é ver o seu aluno se realizar.

Na relação mestre-discípulo, apesar de o mestre ter a função de guiar, ambos estão crescendo juntos: um vai expandindo através da expansão do outro. E quando esse movimento ocorre por meio da união de muitas almas, verdadeiros saltos quânticos de expansão da consciência coletiva se tornam possíveis. Consciência é sinônimo de luz, de iluminação. O *sangha* funciona como uma grande bolha luminosa que, na medida em que cresce, dissipa a escuridão. É um dos mais poderosos instrumentos do caminho da autorrealização.

SER O AMOR

Autorrealização ou realização de si mesmo significa tomar consciência de quem somos, significa despertar do sonho da separação criado pelo ego e voltar à percepção da Unidade. Em última instância, realizar-se significa retornar à própria essência amorosa: assim como um rio se funde no mar, a consciência humana se funde na consciência divina. A consciência é única, mas, por causa da natureza ilusória deste plano, ela parece estar fragmentada.

Como já vimos, ao encarnarmos na Terra para viver essa experiência material, através de um corpo e de um ego, somos envolvidos por um véu ilusório que nos faz acreditar que estamos separados. Ter um ego implica, necessariamente, a existência de uma ideia de eu. Portanto, faz parte do jogo neste planeta ter esse senso de separação. Faz parte do aprendizado da alma encarnada num corpo acreditar que é uma gotinha de água enquanto é o próprio oceano. E, assim como acreditamos ser uma gota, também nos esquecemos do oceano. Na filosofia hindu, aquele que se liberta da ilusão da separação e toma consciência da sua verdadeira identidade é chamado de *jivanmukta* (alma livre).

Esse é o caminho que estamos percorrendo. O caminho da autorrealização ou da libertação – o caminho do encontro da gota com o oceano. E o que possibilita essa lembrança é o amor desperto. Sem amor, não há expansão da consciência. E sem expansão da consciência, não pode haver lembrança. Lembrar significa iluminar, trazer para o campo de visão. E esquecer significa escurecer, retirar do campo de visão. Quando nos esquecemos de alguma coisa, é como se aquilo não existisse.

O amor é a luz que nos habita, é o que nos move neste plano. Todos os males deste mundo existem por causa do amor adormecido em nós. E quando falo adormecido, estou me referindo a um estado inativo. Quer dizer que o amor está presente, porém adormecido ou desativado. Assim como uma semente que não é plantada não pode transformar-se numa árvore e dar frutos, o amor adormecido não pode cumprir sua meta de expansão da consciência.

Portanto, chegamos ao final do nosso estudo concluindo que estamos aqui para despertar o amor adormecido. Não somente em nós, mas em todos os seres, até porque o amor desperta em nós quando queremos ver o outro despertar. Acredito que, nesse ponto do nosso estudo, já deve estar claro que só é possível brilhar quando trabalhamos para que o outro também brilhe; só é possível se curar, quando trabalhamos para que todos se curem; só é possível realizar o nosso propósito quando trabalhamos para a realização do propósito do outro.

O amor é a semente e ao mesmo tempo o fruto maduro da árvore da consciência. Ele é a própria seiva da vida, é a nossa essência. Assim como o perfume da rosa é inseparável da rosa, o amor é inseparável do Ser. Quando amamos de verdade, estamos exalando a fragrância do Ser. Assim como o propósito do Sol é iluminar e aquecer, o propósito do ser humano é amar. Por isso eu sempre digo que tudo se resume ao amor.

7. CHAVES PRÁTICAS

CHAVES PRÁTICAS

Para ajudar no aprofundamento dos conceitos tratados neste livro, quero sugerir algumas práticas que servirão para que o conhecimento possa ser realmente integrado ao seu sistema, de forma que os conteúdos presentes nesta obra não se tornem apenas um acúmulo de informações, mas sim uma sabedoria. Quando o conhecimento se transforma em sabedoria, ele deixa de ser um saber da mente e passa a ser um saber da alma, o que significa que ele se transforma numa virtude.

De nada serve o conhecimento se não for colocado em prática. Obviamente, a vida proporciona as melhores oportunidades de aplicarmos esses conhecimentos, mas determinadas práticas podem funcionar como verdadeiras chaves que abrem portais para novas compreensões e *insights* sobre o seu processo evolutivo. A prática permite que você esteja mais preparado para atravessar os desafios da vida, além de acelerar o processo de purificação da personalidade e, consequentemente, de expansão da consciência.

Chave Prática 1

Identificando insatisfações, contradições e crenças

Como vimos, a identificação ou o reconhecimento das nossas insatisfações – e, em consequência, das nossas contradições internas – é o primeiro passo para a transformação daquilo que não queremos ou não gostamos em nossas vidas. Afinal, somente a partir da identificação da doença é que ela pode ser curada. Esse reconhecimento parece muito simples, porém nem sempre temos clareza em relação às nossas insatisfações, muito menos a respeito de nossas contradições, até porque acabamos nos acostumando com determinadas situações negativas.

O objetivo deste exercício é justamente nos ajudar a ter uma maior clareza sobre aquilo que gostaríamos que fosse diferente nas nossas vidas, mas, por alguma razão, não conseguimos mudar. Essa clareza nos leva ao reconhecimento das nossas contradições e, consequentemente, das crenças que dão sustentação a elas.

Exercício:

- Pegue uma folha ou, de preferência, um caderno de anotações e um lápis. Recolha-se em um lugar tranquilo e silencioso. Se isso não for possível, pode ser em qualquer local, desde que você possa estar concentrado.
- Sente-se, feche os olhos e silencie por alguns instantes.
- Quando sentir-se pronto, abra os olhos e comece a fazer uma lista das suas insatisfações, separando-as de acordo com as principais áreas da vida: relacionamento amoroso, amizade, família, profissão, dinheiro, saúde e espiritualidade.
- Torne-se consciente dos sentimentos, emoções e pensamentos que passam por você diante de cada uma dessas insatisfações. Anote-os ao lado de cada insatisfação, usando apenas uma ou duas palavras.
- Procure lembrar e anotar frases que seus pais ou familiares em geral costumavam dizer quando você era criança e que, por alguma razão, ficaram marcadas. Refiro-me a sentenças rígidas e generalizantes sobre como a vida funciona, sobre você ou sobre como as pessoas são. Por exemplo: "Você não vai dar certo na vida", "Fazer o que gosta não dá dinheiro", "Isso é coisa de vagabundo". Tais frases – que, normalmente, são reflexos dos comportamentos e das atitudes dos adultos em questão – muitas vezes se transformam em crenças e condiciona-

mentos na mente infantil e, na idade adulta, podem ainda funcionar como vozes internas que influenciam na forma como você age em relação ao mundo e a si mesmo.
- Ao lembrar-se de algumas dessas frases, procure identificar se existe ligação entre elas e as contradições que você pode reconhecer. Procure fazer uma relação de causa e efeito para perceber as crenças que podem gerar essas contradições. Se você conseguiu ter acesso a alguma crença limitante agindo no seu sistema, com base nessa identificação, aprofunde-se mais na observação dos sentimentos, das sensações e dos pensamentos que passam por você ao entrar em contato com isso.
- Feche os olhos e observe as sensações físicas que passam por você ao acessar essas memórias. O que você sente no corpo físico? Pode ser um amortecimento nos braços, um calor, uma aceleração nos batimentos cardíacos... Permita-se sentir e observar essa alteração.
- Faça o mesmo em relação aos sentimentos e pensamentos. O que você sente no corpo emocional? Por exemplo, raiva, vergonha ou impotência... Permita-se sentir. O que você pensa nesse momento? Podem ser frases como "Eu não sou amado", "Não sou bom o suficiente para realizar isso".

Você pode apenas observar, mas se for possível continue tomando nota de tudo e fazendo a relação disso com a insatisfação ou a crença em questão. Nesse ponto, podemos aprofundar mais um pouco:
- Procure se lembrar do que você tem feito para mudar determinada situação que não lhe agrada. Observe se você está tentando fazer diferente. E se está, quanto esforço tem feito.
- Observe também quais são os amortecedores que você tem utilizado para manter-se afastado do contato com esses sentimentos. Se precisar, releia o item que fala sobre os mecanismos de amortecimento (pág. 30). Tome nota.

Chave Prática 2

Liberando sentimentos guardados e pactos de vingança

Conforme estudamos anteriormente, quando você percebe que existem contradições se manifestando através de um padrão negativo que se repete, gerando desconforto e sofrimento na sua vida, isso quer dizer que existe algum pacto de vingança inconsciente atuando no seu sistema. E o que dá sustentação a esse aspecto da natureza inferior são mágoas e ressentimentos – dores que foram anestesiadas e negadas. Cada sentimento suprimido, cada protesto não enunciado e cada lágrima não derramada é um obstáculo para a expansão da consciência, por isso precisamos nos permitir sentir e liberar esses conteúdos guardados.

O melhor caminho para chegar a esse vale de sentimentos negados é aprofundar a prática da auto-observação focalizada. Inicie essa prática através de perguntas para si mesmo, como:

Até que ponto eu quero me desenvolver?

Até que ponto eu quero prosperar e ser feliz? Eu quero de verdade?

As perguntas podem variar dependendo da situação e da área da vida em questão, mas a essência desse exercício é permitir-se ouvir as vozes internas (até então inconscientes) que estão o tempo todo dizendo não para aquilo que você conscientemente deseja. Se puder perguntar com honestidade e real disposição para saber a verdade, você verá o não atuando de forma muito concreta.

Exercício:

- Coloque-se em frente a um espelho e olhe bem no fundo dos seus olhos. Permita-se ficar assim por alguns instantes e, em seguida, comece a falar consigo mesmo, dizendo tudo aquilo de bom que você quer para sua vida. Por exemplo: "Quero ter um namorado", "Quero ter um carro", "Quero ter um ótimo cargo na minha empresa", "Quero ter uma empresa".
- Observe os sentimentos que vão emergindo ao fazer essas afirmações. Você sente ânimo? Sente vontade de sair logo para realizar essa meta? Ou sente culpa, vergonha, impotência?
- Converse consigo mesmo dessa maneira por cinco minutos e em seguida feche os olhos e fique em silêncio por um minuto.
- Repita esse exercício por alguns dias, de preferência no mesmo horário, talvez pela manhã ou antes de dormir.

Quando se aprofunda na prática da auto-observação, você tem a chance de conhecer e dialogar com o general comandante desse projeto de autodestruição, para então compreender o seu plano de vingança. Esse general pode ser o medo, o orgulho, a luxúria ou qualquer outra matriz do eu inferior. E ao identificar quem é esse general, que é um eu sabotador da felicidade em você, procure ouvir o que ele tem a dizer. Dialogue com ele, deixe-o contar por que não quer a felicidade. Ele tem suas razões.

No momento em que você consegue ouvir essas vozes inconscientes, é possível que também entre em contato com os sentimentos que estão dando sustentação a elas.

Então, um outro exercício poderá te ajudar a liberar os sentimentos que emergem dessa prática:

- Escreva uma carta: em geral, esses sentimentos acabam sendo direcionados a alguma pessoa, seja ela do seu passado ou do seu presente. E, independentemente do que ela representa para você, eu sugiro que você escreva uma carta para essa pessoa, dizendo tudo que sente e pensa – tudo que não disse no passado, tudo que não foi possível expressar naquela época.
- Não entregue a carta: isso poderá piorar a situação energética em questão, e esse não é o objetivo deste exercício. Ao terminá-la, guarde-a por alguns dias até que você possa elaborar melhor os conteúdos que vieram à tona. Quando sentir-se pronto, ou seja, quando sentir que os sentimentos já foram liberados, você queima a carta.

Esse exercício tem o objetivo de abrir os caminhos para um processo de cura, de forma que você possa ter um vislumbre do que está por trás de determinada situação negativa na sua vida. Trata-se de um exercício de fortalecimento do observador, aquele que vê as nuvens e as deixa passar, sem se identificar com elas.

O foco é o momento presente. Você observa e não reage (não associa com o passado nem imagina como seria o futuro). Não importa se o pensamento é negativo ou positivo. Você deixa ir. Você só assiste e se mantém atento e de coração aberto.

Chave Prática 3

Totalidade na ação: assumindo o comando do seu veículo

A fase zero do processo do despertar da consciência diz respeito ao desenvolvimento do que chamo de totalidade na ação, que é a capacidade de estar presente a cada mínimo movimento – a cada pensamento, palavra e ação. É quando nos dedicamos ao desenvolvimento de habilidades como auto-observação e atenção plena, pois, através dessas habilidades, podemos ocupar o nosso veículo (corpos físico, mental e psicoemocional). Quando desenvolvemos a totalidade na ação, começamos a tomar as rédeas da nossa própria vida, pois é a ausência de nós mesmos na condução do nosso veículo que nos leva a agir de forma inconsciente e, por consequência, a cair em círculos viciosos de sofrimento.

Somente quando ocupamos o nosso veículo podemos conduzi-lo de forma adequada. Caso contrário, somos levados por impulsos inconscientes. Tais impulsos são majoritariamente destrutivos, pois resultam de traumas e de sentimentos que foram negados e encontram-se congelados no nosso sistema. Portanto, eles refletem aspectos negativos da personalidade, o que também podemos chamar de maldade.

Essa maldade ou negatividade, apesar de se manifestar na relação com as outras pessoas, acaba sempre se voltando contra nós mesmos. Isso acontece por causa da lei de ação e reação. Por isso, ao sermos conduzidos por impulsos inconscientes, somos levados a lugares desagradáveis – repetimos padrões negativos que se manifestam por meio de fracassos, perdas, conflitos e diversos tipos de perturbações. Trata-se de uma autossabotagem: traímos a nós mesmos justamente por nossos recursos e habilidades estarem sendo usados por tais impulsos destrutivos.

E por não termos consciência de que nós mesmos nos colocamos em situações negativas, nos sentimos indefesos e fragilizados e passamos a acreditar que somos vítimas e a procurar culpados para os nossos problemas. Assim se inicia o jogo de acusações, que é um dos aspectos que constituem a raiz do sofrimento humano. Isso é o que estamos chamando de círculo vicioso.

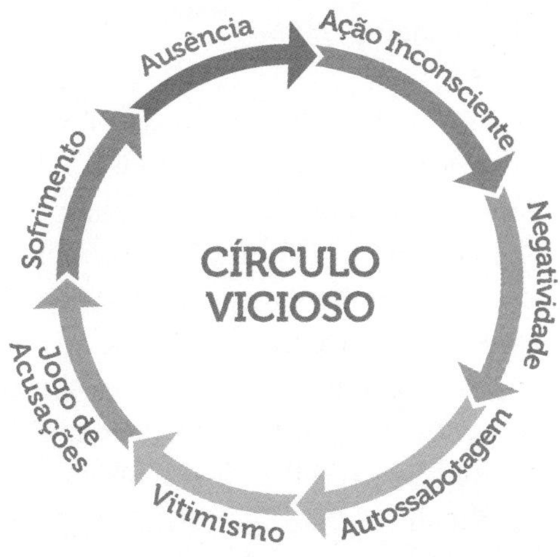

Quando perceber-se enredado nesse círculo vicioso, procure cessar qualquer atividade que esteja fazendo, mesmo que seja por apenas alguns instantes. Volte sua atenção para dentro, restabeleça a presença e retome o comando do seu veículo. Nesse caso, você pode fazer uso do autoquestionamento:

Quem está conduzindo o meu veículo?
Quem está usando os meus recursos?
Quem está pensando e agindo através de mim?
Quem habita este corpo?
Quem sou eu?

Exercício:

- À noite, antes de dormir, faça uma revisão do seu dia, desde o momento em que você acordou até o momento em que você está novamente deitado na cama. Observe cada ação até que possa identificar o momento no qual você perdeu a presença, ou seja, o momento no qual você deixou de ocupar o próprio veículo e foi levado por impulsos inconscientes.
- Repita esse exercício sempre que se perceber ausente, tomado por impulsos negativos. Assim, aos poucos, você vai trazendo para a consciência e identificando o que rouba a sua presença. Pode ser uma situação que te ameaça, uma pessoa que te incomoda, uma cena que causa mal-estar, ou qualquer outra coisa. Tome consciência disso e procure identificar qual parte da sua personalidade se identifica e reage a determinado estímulo externo, pois é essa parte que está precisando de cuidado.

Você verá que não é difícil discernir quem está no comando do seu veículo. A questão é querer ocupar o corpo e retomar a direção, mas isso envolve desapego. Para haver desapego, é preciso haver escolha consciente, ou seja, é preciso querer e decidir abrir mão do círculo vicioso. Para isso, antes de mais nada, precisamos conhecer os nossos pactos de vingança. (Sugestão: rever a **Chave Prática 2**.)

O desapego é o que possibilita a escolha, e a escolha possibilita a liberdade. Só podemos ser livres quando temos a chance de escolher conscientemente. E só podemos escolher dessa forma quando estamos no comando do nosso veículo.

Ao escolhermos abrir mão do círculo vicioso que se perpetua através da ausência de nós mesmos, invertemos o sentido da energia que estava voltada para a negatividade e criamos um novo círculo, um círculo benigno.

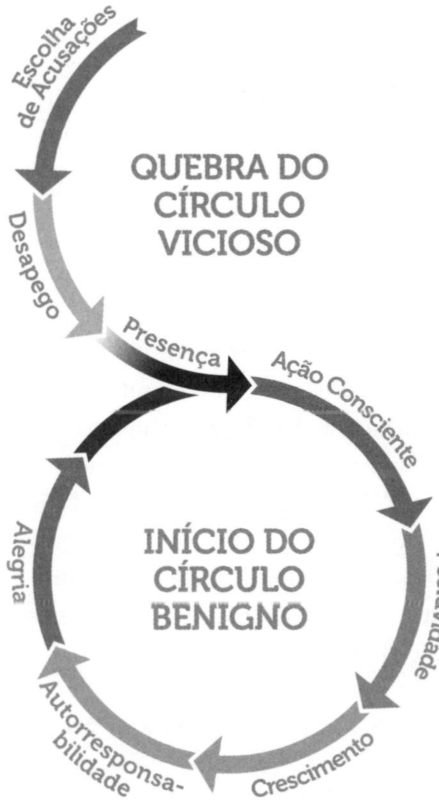

Espiritualidade é sinônimo de desapego. Você se torna uma pessoa espiritual quando pode se desapegar da história que criou para si mesmo; quando pode abrir mão dos pactos de vingança, da necessidade de fazer justiça com as próprias mãos e das crenças que criou sobre o que é a verdade. No mais profundo, espiritualidade é desapegar-se do sofrimento. O sofrimento é uma coisa que ninguém quer, mas da qual ninguém abre mão, porque ele gera um senso de identidade.

O apego te envelhece, pois você fica preso no passado. A vida se torna muito previsível e sem graça, porque você se apega aos caminhos e às paisagens familiares. E, mesmo estando cansado de determinadas situações, você prefere deixar assim mesmo, porque isso te dá um senso de segurança. O desapego rejuvenesce, porque ele abre novos caminhos que geram a possibilidade de crescimento. Através do desapego, você se renova e expande.

Quando perceber-se apegado a uma situação negativa, pergunte-se:

Quem sou eu sem esse impulso de brigar?

Quem sou eu sem o ciúme e a insegurança?

Quem sou eu sem esse nome e essa história?

Chave Prática 4

Identificando e removendo amortecedores

Os amortecedores são mecanismos que criamos para fugir do contato com a dor dos sentimentos negados no passado, porém esse é o aspecto mais direto da sua atuação. No mais profundo, os amortecedores são mecanismos de fuga de nós mesmos. Isso significa que através deles perdemos a presença e, consequentemente, o comando do nosso veículo. Por isso a retirada dos amortecedores também é fundamental no processo de retomada da presença. (Sugestão: rever a **Chave Prática 3**.)

Vimos anteriormente que os vícios e as compulsões são os amortecedores mais óbvios, mas que qualquer coisa pode ser utilizada como amortecedor. Muitas vezes, você não percebe que está usando determinada coisa ou situação como amortecedor.

Identificar os amortecedores não é difícil, basta querer. E ao optar por esse reconhecimento, você pode voltar a fazer uso da sua capacidade de auto-observação.

Exercício:

- Lista de amortecedores: liste os elementos (objetos, situações, sentimentos ou emoções) que, no seu dia a dia, funcionam como distrações e roubam sua energia. Exemplos: conversar no WhatsApp, navegar nas redes sociais, falar ou comer demais, encontrar determinada pessoa, ter determinada mania, sentir ciúme de alguém...
- Austeridade inteligente: ao identificar esses elementos amortecedores, faça uso da austeridade para removê-los. Exemplos: experimente ficar duas ou três semanas sem comer açúcar ou sem tomar café. Caso você se sinta maduro o suficiente, experimente ficar sem nenhum amortecedor.

Eu sei que nem sempre é fácil abrir mão de um vício ou hábito, ainda mais quando ele está mantendo uma dor escondida, por isso sugiro que você vá devagar. A remoção dos amortecedores precisa ser cuidadosa, porque muitos entram em desespero sem eles. Procure não impor a si mesmo metas impossíveis. Escolha um deles e remova-o da sua lista por um curto espaço de tempo.

Chave Prática 5
Reconhecendo potenciais

Exercício 1: Sonhos infantis

- Recolha-se em um lugar silencioso com seu caderno de anotações. Sente-se, feche os olhos e faça algumas respirações profundas.
- Visualize a si mesmo quando era criança e procure se lembrar de como você era.
- Se tiver vontade, coloque uma música que abra seu coração e remeta à sua infância, pois isso pode ajudá-lo a conectar-se com essa lembrança.
- Aos poucos procure trazer para a memória aquelas coisas que você gostava de fazer. Brincadeiras, jogos, diversões, amigos... Lembre-se dos sonhos e desejos que tinha quando era criança. O foco neste exercício são as coisas boas.
- Com base nessa lembrança, faça uma lista dos seus principais sonhos. O que você queria ser quando crescesse? O que você deseja realizar?

Essa lista te dá pistas sobre os seus dons e talentos. Procure ver se os seus sonhos enquanto criança têm a ver com a atividade que você escolheu como profissão. Você ainda gosta de fazer determinadas coisas de que gostava antigamente? Você tem dedicado tempo às coisas que gosta de fazer?

Exercício 2: Realizações

- Liste três realizações que você considera sucessos na sua vida.
- Liste as virtudes que você utilizou para realizar isso. Exemplo: coragem, confiança, entrega, força de vontade, entusiasmo, alegria.
- Liste suas habilidades e conhecimentos, ou seja, tudo que você aprendeu e estudou.

- Liste seus dons e talentos. O dom é o que você faz naturalmente, sem esforço, e o talento é um dom lapidado.

Chave Prática 6

Orando pelo despertar do amor

A oração é um instrumento muito poderoso que pode e deve ser utilizado por aqueles que estão em busca de cura e expansão da consciência. A oração de uma alma sincera tem um grande poder de cura, tanto individual quanto coletiva. Ao orar com verdade e pureza, você emana ondas de luz eletromagnética que podem ultrapassar os limites do espaço-tempo.

Uma das práticas realizadas nos *ashrams* da linhagem espiritual à qual pertenço, a linhagem Sachcha, é o *arati*, uma prática de oração através da qual pedimos à divindade que desperte em todas as pessoas e em todos os lugares. Rezamos para que a luz da Verdade alcance o coração de todos aqueles que estão prontos. Estar pronto significa estar aberto e receptivo, ou seja, querendo receber, pois somente assim é possível ouvir o chamado do coração.

Nos *ashrams* essa prática é realizada todos os dias, no início da manhã e no final da tarde, mas também pode ser feita dentro de casa, uma vez por dia ou quando você achar adequado. A principal oração utilizada nesses encontros diários é o seguinte mantra:

PRABHU AP JAGO
PARAMATMA JAGO
MERE SARVE JAGO
SARVATRA JAGO

"Deus desperte! Deus desperte em mim. Deus desperte em todos e em todos os lugares."

Exercício:

- Repita o mantra diariamente, por alguns minutos. Você pode cantá-lo, fazendo uso de algum instrumento musical, ou apenas usando a voz. Ou ainda pode repeti-lo internamente, em silêncio, enquanto realiza as atividades do seu dia. Ele também pode ser utilizado no início da sua meditação diária, para preparar o campo energético.

- Realize essa prática por um período de tempo preestabelecido (no mínimo 21 dias) e veja o que acontece. O seu corpo é o seu laboratório. Faça suas experiências.

Essas palavras em sânscrito têm um tremendo poder – um poder que não se pode descrever, pois é algo a ser experienciado. Não basta você acreditar – é preciso experienciar esse poder.

Algumas combinações fonéticas formam sons que ativam determinados núcleos energéticos do nosso sistema. Muitas pesquisas foram feitas nessa área, especialmente no que diz respeito aos antigos idiomas, como o sânscrito. Através da ressonância, esses sons agem sobre os nossos sistemas nervoso, endócrino e psicofísico. Assim como um som que, quando chega a determinada frequência, é capaz de quebrar um vidro, esses sons são capazes de dissolver bloqueios energéticos.

Mesmo que não conheçamos o significado dessas palavras, elas agem no nosso sistema e nos levam a viver experiências que a mente não explica. Mas quando conhecemos o significado das palavras, além de ativar e transformar aspectos energéticos, o mantra também se torna uma oração, capaz de ativar e transformar aspectos emocionais.

E para fazer essa oração, você não precisa acreditar em nada, nem mesmo em Deus, porque Deus é também uma palavra – uma palavra que procura explicar o Mistério cuja essência é o amor, o Mistério do amor. E talvez você não acredite nem mesmo no amor. Talvez você nunca tenha amado. Talvez já tenha sentido uma brisa, algumas notas do perfume do amor, que se manifestou em relação a uma pessoa, alguém que despertou em você um sentimento que não se pode traduzir em palavras, mas que o eleva, lhe proporciona uma abertura e o faz viver coisas que até então não acreditava que pudessem existir. Ao sentir essa brisa, você fica feliz sem razão, você confia sem razão. Você quer ver o bem do outro e torce por ele, muitas vezes sem nem mesmo ter motivo para isso. É algo que desafia a lógica.

Ao repetirmos esse mantra, estamos invocando o despertar do amor. No fundo estamos dizendo "acorde, amor", pois sabemos que ele está adormecido. Quando nos permitimos viver essa experiência na qual entramos em comunhão com o Ser, o nosso coração se abre, e o amor flui generosamente, sem querer nada em troca. Essa experiência se dá num campo que está além da mente e que eu chamo de "Graça". Sem que possa explicar, de repente você está amando. De repente você está feliz, saboreando a doçura de uma fruta que antes não conhecia.

A paz nasce do amor. Ela é um fruto maduro da árvore da consciência. Mas essa árvore precisa ser plantada e cultivada. O silêncio e a repetição de mantras são instrumentos que podem ser utilizados para esse cultivo, porém a experiência da paz, que é o sabor da fruta, não é algo que se pode controlar. A mente não é capaz de controlar essa experiência – ela é um florescimento. Você prepara o campo, planta as sementes e segue cultivando, mesmo sem saber quando a árvore dará frutos.

Chave Prática 7

Orando para tornar-se um canal puro do amor

A oração, além de ser um poderoso instrumento de cura, é uma forma de exercitar a entrega. A entrega, porém, não é algo que possa ser feito, é algo que simplesmente acontece. Você não pode "se entregar", você pode apenas preparar o terreno para que a entrega aconteça. Entrega é sinônimo de confiança plena. Em outras palavras, não é possível haver entrega sem confiança. Estando entregue, você não se abala com as circunstâncias externas. Por mais difícil que a situação seja, você confia, pois sabe que essa foi a maneira que o Mistério encontrou para realizar o propósito maior.

Quando a confiança se manifesta nesse nível, você se liberta do medo, do ódio e de toda a maldade; você se torna um canal puro do amor e o serviço desinteressado acontece espontaneamente. Mas, enquanto não chega a esse nível de entrega, o que você pode fazer é plantar sementes de confiança. Além de dedicar-se ao autoconhecimento, você também pode fazer uso da oração, como forma de cultivar a confiança e preparar o terreno para a entrega.

Uma das mais antigas orações cristãs diz: "Que seja feita a Vossa vontade." Se pararmos para pensar nessa sentença, veremos que ela carrega a essência da entrega. Isso é o mesmo que dizer: "Que eu me torne um canal da Tua vontade."

Exercício e oração:

- Feche os olhos e silencie por um minuto.
- Faça algumas respirações profundas e comece a orar espontaneamente, estabelecendo um diálogo com o Mistério através de algumas perguntas:

O que você quer de mim?
O que você quer que eu faça?
Onde você quer que eu esteja?

- Reflita por alguns instantes e, se possível, ponha-se a meditar por alguns minutos. A resposta para essas questões está dentro de você, mas nem sempre você está pronto para ouvi-las, justamente porque não está pronto para a entrega. Continue refletindo:
  O que me impede de ser um canal do amor?
  Do que eu tenho medo? Por que não consigo confiar?
- Em seguida, faça uma oração espontânea. Continue conversando com a divindade, pedindo para ser iluminado pela compreensão e para tornar-se um canal do Seu amor.

Sugestão de oração:

"Que eu seja um contigo. Que cada palavra que saia da minha boca seja a expressão do teu santo verbo. Que cada ato por mim praticado seja a expressão da tua santa vontade. Que a nossa ligação nunca seja quebrada e que eu possa ser um canal do teu amor."

DIÁLOGO

Prem Baba, com o término da temporada de encontros com você, está chegando a hora de voltar para casa, para a vida real do dia a dia, e eu estou um pouco preocupada. Aqui nós temos práticas diárias de oração, de yoga, de encontros com você, e isso é maravilhoso. Mas não sei como manter a mesma sintonia em casa, no meu dia a dia.

Prem Baba: Considero que esse seja um tema bastante significativo que evoca alguns *insights*. Em primeiro lugar, isso que você está chamando de "vida real" é uma situação de vida criada por você e que você passou a considerar o seu mundo real. Você desenhou esse cenário, você escreveu esse script no qual você está atuando e agora você se sente prisioneira dessa história, pois não consegue enxergar a vida de outra maneira.

Mas se você é o autor da peça, você pode modificar o texto. É você quem escreve a sua história e dá sentido para ela. Talvez você não saiba que tem esse poder e por isso acredite ser uma vítima das circunstâncias, mas isso acontece porque você está sendo guiado pelo inconsciente. E essa guiança do inconsciente é o que você tem chamado de "destino".

O seu veículo está sendo conduzido por impulsos inconscientes, te levando para um lado e para outro, e você se sente impotente para mudar isso.

Apesar de sermos regidos por uma lei inexorável de ação e reação, que determina que paremos em determinados pontos da jornada para resolvermos pendências do passado, isso não ocorre por uma questão moral, mas sim por uma questão mecânica. Segundo Isaac Newton, toda força de ação provoca uma força de reação, e elas são iguais em sentidos contrários.

Nossos pensamentos, palavras e ações constroem isso que chamamos de realidade. Portanto, nós mesmos criamos as situações de vida, sejam elas confortáveis ou desagradáveis, felizes ou indesejáveis. E estando conscientes de que nós mesmos construímos cenários infelizes para as nossas vidas, podemos começar a transformar a situação. Talvez o primeiro passo para realizar essa transformação seja aprender a ter paciência onde estamos no momento, porque às vezes o *karma* ainda não permite que seja diferente. Se plantou uma semente e cultivou-a até que ela se transformasse numa muda ou numa árvore, antes de mais nada você precisa dar conta do que plantou.

Por exemplo, se você trouxe um filho para o mundo, é preciso dar conta dele. Você precisa honrar seu compromisso. Se você tem uma família e se sente responsável por ela, então é preciso chegar num acordo com isso. Se você tem um trabalho, tem contas a pagar, não é possível, simplesmente, abandonar tudo. Ao mesmo tempo, isso não quer dizer que você não poderá realizar aquilo que deseja. Tudo é passível de mudança. Até mesmo quando o *karma* é muito rígido, estando consciente do que precisa aprender, você consegue adquirir flexibilidade, nem que seja na forma de encarar a situação.

Portanto, o mais importante de tudo é estar consciente de onde você quer estar e de por que está em determinada situação. Porque às vezes você está presa em uma cela feita de imaginação e às vezes está realmente presa por força do *karma*. Nesse caso, para transformar essa situação, é necessário fazer uso da criatividade e da inteligência. Mas essa criatividade e essa inteligência só chegam se você se abre para compreender o sentido que quer dar para a sua vida.

Qual é o sentido da sua vida? Você está aqui para realizar algo. Você tem um programa a ser cumprido nesta encarnação. Ao tornar-se consciente do seu programa, você se move nessa direção. E somente quando pode realizar o programa da sua alma, através dos seus dons e talentos, você fica em paz, independentemente de onde esteja.

Algumas pessoas têm clareza e certeza de que precisam estar no núcleo da *matrix*, nos grandes centros urbanos, porque o seu programa interno determina que elas estejam lá para executar determinados serviços. Mas o seu programa pode ser mais flexível e talvez você possa exercer o propósito em diferentes lugares.

A questão é: por que você está onde está? Você quer estar onde está se colocando? Lembre-se de que é você quem está se colocando nesse lugar.

Não estando satisfeita nesse lugar, você tem três possibilidades de escolha: ir embora; ficar e transformar a situação; ou aceitar e sofrer com paciência. Essa última opção envolve o fim da reclamação, pois você está escolhendo aceitar.

Outro *insight* que precisa ser focalizado nessa questão que você trouxe é o sentimento de impotência diante disso que você está chamando de destino. Não estando no comando do seu próprio veículo, você é guiado por forças inconscientes e não tem noção de aonde elas estão te levando. Se o seu coração está te levando, você também não sabe para onde, mas você vai feliz. Essa é a diferença. Quando o pequeno eu está te levando, você vai sempre com medo, inseguro, sempre achando que tem uma coisa errada.

Não estando presente, total na ação, você é tomada por forças desconhecidas – forças internas e forças externas. Você é guiada pelos astros, pelo inconsciente coletivo ou até mesmo pela mandinga do vizinho. Na verdade, você é guiada pela sua própria mandinga, porque é você quem está fazendo isso. E você faz isso porque saiu do assento do seu veículo e deixou que ele fosse usado por qualquer um.

O que te leva a estar nesse lugar que você está hoje? Você está ali porque o seu coração está te guiando? Você sabe que existe uma razão maior para estar ali? Ou você está nesse lugar porque tem medo de fazer diferente? Você está ali por vingança, raiva, obstinação? Qual é a razão de você estar onde está?

Independentemente de onde você esteja, quer seja num *ashram* ou no olho da *matrix*, a forma de manter a conexão é a mesma: se colocando presente, fazendo de cada conjunto de ações uma prece, transformando sua vida em uma oração. Mas isso só é possível se você tem consciência do propósito das suas ações.

Tendo consciência de que está na *matrix* com o propósito de servir, você vive com alegria. Mesmo que haja momentos difíceis, nos quais a crueldade coletiva acaba influenciando seu campo energético, se você tiver consciência do propósito de estar ali, se tiver consciência de estar nesse lugar justamente para ajudar a purificar e transformar essa sombra coletiva, você não cairá.

Em momentos como esse, eu sugiro que você faça uso de algumas ferramentas: entre em contato com a natureza, nem que seja numa praça pública; reserve um tempo para ficar em silêncio e orar; ouça e cante mantras; realize práticas físicas; e mantenha o bom humor.

Através da ressonância, o mantra age nos níveis físico, emocional e mental. Seus fonemas atuam em determinados núcleos do sistema nervoso, mesmo que você não conheça o significado literal das palavras.

Se você não recebeu uma iniciação espiritual e um mantra, eu sugiro que você utilize o *Gayatri* ou o *Prabhu ap Jago*, pois, apesar de terem nascido do berço da tradição hindu, são preces universais.

Gayatri:
OM BHUR BHUVAḤ SWAḤA
TAT SAVITUR VAREÑYAṂ
BHARGO DEVASYA DHĪMAHI
DHIYO YONAḤ PRACHODAYĀT

Prabhu ap Jago:
PRABHU AP JAGO
PARAMATMA JAGO
MERE SARVE JAGO
SARVATRA JAGO

Esses são alguns instrumentos que podem te ajudar, mas o mais importante é a consciência do propósito, a consciência do serviço. Você tem consciência de estar servindo? Se tem, seus dons e talentos vão ser utilizados pelo grande Mistério. Ao colocar-se a serviço de verdade, você entra na corrente de felicidade. O amor passa por você para chegar ao outro. Isso te segura, não importa onde você esteja.

Às vezes o grande Mistério pode ser exigente com você e pedir que você esteja em lugares desafiadores. Pede que você dê mais do que acredita ter para dar. Isso faz parte de um jogo divino para tirar você da mente. E quando está além da mente, você se torna um canal de poder no qual tudo se torna possível.

Onde o Mistério quer que você esteja?

No momento presente. E muitas vezes esse momento presente significa estar em algum lugar, fazendo alguma coisa. E se você está consciente de estar nesse lugar por uma razão maior, você está feliz. Mas se você está sendo conduzido por forças inconscientes, talvez seja levado para lugares aos quais não queira ir, a lugares diferentes daquele aonde o propósito o levaria. Isso então gera uma divisão interna, que se traduz em angústia, confusão, tristeza, depressão – uma série de dificuldades.

A depressão se deve justamente a essa divisão. Sua alma quer te levar para um lugar, mas a sua mente condicionada está te levando para outro. E a mente condicionada está indo para outro lugar porque quer agradar, porque quer reconhecimento, quer e quer.

A natureza da mente é o desejar. O desejar é compulsivo. Essa compulsão e o desejar consomem sua vitalidade, consomem sua saúde, consomem seu tempo. E no mais profundo, tudo o que a sua mente quer é ser amada. Só que ela só se sente realmente amada quando está amando. Em algum momento, você precisará ter a coragem de romper com esse círculo vicioso.

Há muitos anos, eu procuro meus dons, talentos e missão, sem obter sucesso. Ontem eu me deparei com uma raiva profunda que tenho de Deus; uma raiva por Ele, que é "o todo-poderoso", por ter escolhido criar leis tão duras que fazem com que as criaturas sofram tanto para aprenderem a ser felizes. Essa experiência me assustou. Raiva de Deus é um pecado horrível para todas as tradições religiosas, que sujeita a criatura a terríveis punições. No entanto essa é a verdade que percebi em mim. Como sair disso?

Prem Baba: Em algum momento, você ouviu que Deus mora dentro de você e muito provavelmente você acredita nisso. Porém agora você descobriu que, no mais profundo, você acha que Deus está fora de você e que Ele é um controlador punitivo, um tirano cruel que não hesita em castigá-lo e lançá-lo ao sofrimento.

A grande maioria das pessoas neste mundo carrega esse sentimento, que é reforçado por diferentes tradições religiosas, pois elas nos ensinam a temer a Deus. E esse sentimento está relacionado a uma crença ainda mais profunda. Ele é o desdobramento de uma imagem congelada no seu sistema. Essa imagem se relaciona à figura de autoridade.

Para uma criança que começa a descobrir a aventura da vida, as primeiras impressões sobre autoridade vêm dos pais, e são essas impressões que ela acaba projetando na imagem de Deus.

Esse tema é muito profundo, porque está relacionado, inclusive, a um dos maiores poderes do Ser, que é a fé. Se você tem uma visão distorcida de Deus, a sua fé também é distorcida. Você, durante muito tempo, acredita saber o que é Deus e acredita ter fé Nele – o que lhe dá uma relativa segurança, um relativo conforto. Porque, mesmo sendo uma crença e uma fé numa crença, você não se sente só; mesmo que a sua companhia seja uma ilusão criada pela mente, uma fantasia criada pela mente. Com isso você se sente acompanhado. Mas em algum momento, devido ao processo natural da evolução, você é levado a questionar essa crença e essa fé – o que é extremamente necessário para você continuar sua jornada evolutiva. Estamos falando das fases da relação com esse Mistério que chamamos de Deus.

Até determinado estágio do processo de evolução da consciência, o ser não pensa a respeito disso. Ele simplesmente vive sem questionar os fenômenos da natureza e o propósito da vida. Mas, naturalmente, a consciência evolui e chega um momento em que ele começa a questionar. Como isso tudo é possível? Quem criou essa realidade? Por que estamos vivendo essa experiência?

E, até determinado momento, é muito difícil não acreditar em um criador. Então você passa a acreditar na existência de um Deus. Mas como não tem contato com esse criador, você começa a imaginar como ele é. Cria uma imagem e projeta nela a imagem dos seus pais, pois eles representam as figuras de autoridade da sua vida. Você constrói uma imagem de Deus com base nos seus registros de memória do passado. Se você teve pais bons, carinhosos e acolhedores, é assim que vai visualizar Deus. Mas se teve pais punitivos, duros e cruéis, é assim que vai visualizar Deus.

Como a nossa sociedade é governada, há mais de 10 mil anos, pelo masculino distorcido, que tem como principal característica a violência e a dominação pelo abuso do poder, é claro que tendemos a projetar em Deus esse masculino distorcido.

O que sustenta essa imagem distorcida de Deus é a falsa fé. Por que falsa fé? Porque esse Deus no qual você acredita não existe. Foi criado por sua mente para atender a uma necessidade em um momento de angústia, mas você aprendeu a viver com isso. Nossa sociedade vive assim há milênios.

Mas chega o momento em que você é tomado pelo sofrimento e é levado a questionar até mesmo a existência de Deus. Você descobre que não tem fé. Você achava que tinha fé até o momento em que a vida te convida a atravessar determinados desafios, como doenças, perdas, fracassos, depressão... Nessa hora você descobre que talvez não tenha tanta fé em Deus. Então a contradição vem para a superfície.

Quem é Deus para você? "O Prem Baba disse que Deus é amor, que Deus é a vida única por trás de todos os nomes, de todos os corpos. Mas cadê essa criatura que não me salva aqui no meu sofrimento? Cadê essa criatura que não me tira desta 'peia' em que estou? Quem é essa criatura que inventou essas leis tão duras que me fazem sofrer tanto para poder visualizar a possibilidade da felicidade, para ter um vislumbre de que é possível ser feliz neste mundo?"

Assim, a energia que estava sendo utilizada para uma criação mental de Deus passa a ser direcionada para criar uma armadura de proteção. Essa armadura é feita de racionalização. Você tenta explicar tudo através da razão e da ciência. Você se torna um cético.

Mas o ceticismo é um estágio bastante elevado de consciência, porque, estando no vale de solidão do ceticismo, inevitavelmente você busca por respostas. "Se não foi Deus quem me colocou nessa situação, quem me colocou aqui?", "Se não Deus, foi meu pai, foi minha mãe, esse ou aquele...". Você coloca a culpa em alguém até que começa a compreender que é você mesmo quem está se colocando nesse lugar.

Você descobre que as suas mágoas e os seus ressentimentos geraram uma grande revolta que chegou ao ponto de bloquear a expressão dos seus dons e talentos, através dos quais o amor flui de você. Essa foi a forma que você encontrou para protestar pelos maus tratos recebidos na sua infância, foi a forma que você escolheu para se vingar por ter sido humilhado, machucado, desrespeitado. Assim você começa a se responsabilizar, e é nesse momento que se inicia um processo de cura, porque você se permite entrar em contato com sentimentos guardados e tem a chance de colocá-los para fora. Com isso você abre espaço para ter uma experiência real de Deus. Começa a perceber que Deus age em você e através de você. Descobre que é você quem escolhe passar por tudo que está passando. Em outras palavras, você descobre que não é Deus que está te punindo, mas você mesmo. Existe uma autopunição, um auto-ódio que você projeta em Deus. Deus não pune nem castiga – Deus é amor. Você se castiga e se pune. Você está, simplesmente, colhendo o que plantou.

Eu sugiro que você vá atrás da voz dentro de você que diz: "Eu não quero dar nada para ninguém." Não se preocupe tanto com Deus, apenas cante, dance, medite, mas sem se preocupar tanto com questões filosóficas. Vá atrás dessa voz interna que diz: "Daqui eu não saio, daqui ninguém me tira." Dessa forma você estará se movendo em direção à experiência direta e real de Deus.

Querido Prem Baba, gostaria que falasse algo para os que já passaram dos 50 anos e ainda não encontraram seu caminho.

Prem Baba: Essa é uma questão significativa para pessoas de todas as idades, mas, obviamente, quanto mais idade se acumula sem que se tenha consciência do propósito, mais amarga a vida se torna. Às vezes a ponto até mesmo de a pessoa não ver nenhum sentido em estar viva. Porque quando não tem consciência do propósito e é jovem, a pessoa ainda tem muita energia e consegue ocupar o tempo e se distrair mais facilmente. Mas conforme o tempo vai passando, algumas distrações deixam de ter graça, e, se ainda não tem consciência do propósito, a pessoa começa a ficar muito difícil de despertar. Muitos que estão nessa situação acabam se entregando para os amortecedores e vivem a vida esperando a morte chegar. Cada um faz isso do seu jeito, mas esses indivíduos estão sempre se ocupando de atividades fúteis.

Cada ser vivo tem o seu lugar no mundo, mesmo que não tenha consciência disso. Mas se você não se sente realmente encaixado no seu lugar, é possível que você seja tomado pela inveja, pela insegurança, pelo ciúme e por todos os sentimentos que geram guerra e desunião na sua vida. Você briga sem nem mesmo saber por que está brigando. Você utiliza a briga como uma distração. Distrai-se com o que está na superfície para não precisar olhar para o que está acontecendo dentro de você.

Então, se você estiver disposto a recomeçar, o que significa renovar-se por dentro, eu sugiro que comece perguntando para sua interioridade: qual é o meu lugar no mundo? Para que eu encarnei aqui? O que vim fazer neste mundo? Eu quero ver. Eu me comprometo a ver, por mais que isso fira a minha vaidade.

A vida vem me espremendo profissionalmente. Muitas vezes me sinto isolada, insegura, pouco criativa ou produtiva. A crise e as mudanças trouxeram isso para minha relação de trabalho. Penso em mudar de rumo. Sair do design para o yoga. Como ser mais focada e produtiva? Como vencer a angústia?

Prem Baba: Esteja atenta a essa questão, porque eu tenho visto muitas pessoas em crise com a profissão que resolvem ser terapeutas ou professoras de yoga, como se ser professor de yoga ou terapeuta resolvesse todos os seus problemas. Não sinto que seja isso também. Se você veio para ser professora de yoga, então você vai realmente se sentir pertencendo, vai se sentir encaixada. Mas se não veio para isso, você vai transferir a angústia. No entanto, é claro que aqui há uma pista: porque ao se visualizar trabalhando com yoga, você se sente mais livre, mais leve. Talvez seja uma passagem, ou não. Talvez você se realize dando aulas de yoga, mas é importante não alimentar falsas esperanças na intenção de evitar novas frustrações.

É muito bom que você esteja aberta para novas experiências. É muito bom que esteja aberta para se aventurar, mas sugiro que não feche a sua visão em torno de um ponto. Você está em busca de uma visão, da visão do propósito da sua alma. Esse propósito foi revelado a você quando ainda era uma criança. Toda criança chega com clareza do propósito, mas com o tempo ela é levada a se esquecer. Especialmente quando os adultos não alimentam essa visão, por não acreditarem nisso que a criança está trazendo, porque projetam na criança as suas frustrações, suas inseguranças e seus bloqueios. Isso acaba muitas vezes condicionando a mente da criança, e ela passa a não acreditar nessa mensagem ou nesse comando que está trazendo. E se desvia do caminho. Às vezes se faz necessário muito tempo para encontrá-lo novamente. Em algum momento, a pessoa acaba perdendo a confiança para a possibilidade de realizar seus sonhos e passa a vida esperando a morte chegar.

É importante resgatar essa memória divina, é importante lembrar-se desses comandos que já se manifestavam quando você era uma criança e que com o tempo foram ficando esquecidos. O esquecimento alimenta o esquecimento. E muitas outras coisas vão surgindo no caminho.

Querido Baba, sou seu aluno há anos e minha confiança em você é total, mas, ultimamente, uma semente de dúvida foi colocada em meu

sistema: por que os seus cursos são tão caros? Por favor, esclareça essa dúvida para que a energia possa fluir livre novamente.

Prem Baba: Essa é uma questão que nos conduz a diferentes dimensões. Vamos focar em algumas delas. A primeira é que talvez a sua confiança não seja tão total assim. Talvez seja melhor dizer que você tem um quantum de confiança, mas não ainda confiança total. Porque quando você tem confiança total, a dúvida não te perturba.

Mas para que você possa ser preenchido pela confiança, se faz necessária uma experiência espiritual, ou seja, que você de fato me veja e me sinta; que você me perceba e, consequentemente, entenda o meu jogo. Se puder me ver de verdade, você compreenderá. E ao compreender, você será iluminado pela confiança. Essa confiança remove toda e qualquer semente de dúvida e providencia para que todas as suas necessidades sejam atendidas. Ela liberta o seu sistema de todo o medo, em especial o medo da escassez.

Talvez um dos aspectos que o esteja impedindo de entrar nesse campo de experiência, um dos obstáculos para que me veja, me sinta e entenda o meu jogo, esteja ligado a crenças a respeito do significado do dinheiro. Distorções a respeito do significado e até mesmo do poder do dinheiro. Embora a percepção desse jogo só possa acontecer no nível da alma, eu posso lhe dizer algumas coisas.

O outro ponto a ser esclarecido é que eu não estou aqui por dinheiro e acredito que ninguém esteja aqui por essa razão. Ao mesmo tempo, não podemos negar que o dinheiro é uma realidade neste plano da existência. Embora para mim o dinheiro seja uma consequência da realização do propósito, preciso ter comigo pessoas cujo propósito seja lidar com o dinheiro. Preciso ter bons administradores, porque se não os tiver, inevitavelmente vamos cair na sombra do dinheiro. E uma das manifestações dessa sombra é o medo da escassez e todos os seus desdobramentos.

De qualquer maneira, posso dizer que 80% ou 90% do meu tempo é doado de modo gratuito. As transmissões que ofereço diariamente nas temporadas da Índia e de Alto Paraíso são todas gratuitas. Mas, de alguma maneira, para que eu possa estar nesses lugares durante todo esse tempo, para receber todas essas pessoas, precisamos de dinheiro. A dimensão material desse trabalho precisa ser sustentada. Isso é feito através de doações que aqui chamamos de *dakshina*, uma prática védica antiga na qual o discípulo oferece ao mestre uma doação voluntária a título de retribuição e de respeito à lei do pagamento por aquilo que está sendo recebido. Por trás dessa prática, existe uma ciência espiritual que faz a energia da prosperidade ser ativada. Mas isso só funciona quando a pessoa verdadeiramente entra nesse canal e este se abre para ela.

Chega um momento em que você é convidado a entender esse aspecto da existência. Você é convidado a conhecer o Mistério que, na cosmovisão hindu, é chamado de Maha Lakshmi, o aspecto ou forma da Mãe que supre todas as suas necessidades, que proporciona tudo de que você necessita para viver sua experiência com conforto e tranquilidade. Mas essa experiência não pode ser forçada. Chega um momento em que esse estudo chega para você, mas isso é algo que ocorre na intimidade da relação mestre-discípulo.

O dinheiro é uma energia muito poderosa. Ela pode te ajudar a fazer a travessia ou pode te destruir. Por isso lidar com essa energia requer sabedoria. Mas faz parte do curso da encarnação aprender a lidar com ela. Nós projetamos nessa energia uma série de conteúdos psicoemocionais que estão intimamente relacionados ao processo de educação vivido na infância. Por exemplo, uma criança que não recebeu afeto, mas recebeu coisas, presentes, matéria, irá atrelar o dinheiro a conteúdos afetivos. É como se uma lente colorida fosse colocada diante da realidade, e ela passasse a perceber o dinheiro de forma distorcida. E essa imagem distorcida impede que ela lide com o dinheiro de forma objetiva.

A ativação da energia que ocorre através da *dakshina* flui por si só. Eu não controlo nada. Uns dão mais, outros menos; outros não dão. E como são muitas pessoas, as coisas acabam sempre se equilibrando, mas às vezes acontece de o dinheiro não ser suficiente para cobrir tudo de que precisamos para realizar um evento como esse. Então, nos outros 10% ou 20% do tempo, eu também ofereço retiros que têm um valor predeterminado. Também estamos começando a oferecer *workshops* baseando as despesas na economia colaborativa, que é uma prática parecida com a *dakshina*. Nela nós sugerimos o valor mínimo, que é o valor de custo daquele evento, e a pessoa fica livre para contribuir com quanto ela quiser dar, ou seja, com quanto achar que o trabalho vale.

Dessa forma, o dinheiro supre a operação daquilo que precisamos fazer para que esses eventos aconteçam. Mas como temos escolhido fazer muitas coisas (por causa da demanda espiritual e da necessidade das pessoas), às vezes o dinheiro ainda não é suficiente. Nesse caso vamos pedindo para que Maha Lakshmi faça o dinheiro aparecer de outra maneira. É importante que você saiba que esse processo da operação é transparente. Tudo está em relatórios disponíveis para quem quiser. E estamos com a ideia de fazer, assim que tivermos dinheiro para tal, o "portal da transparência", um site no qual toda a movimentação financeira da organização estará registrada para quem tiver o interesse de compreender melhor como funciona. Estamos caminhando nessa direção.

Além disso, existem os cursos e as terapias do Caminho do Coração, um método psicoespiritual criado por mim para oferecer apoio àqueles que estão comprometidos com o autoconhecimento e com a expansão da consciência. Trata-se de um conjunto de ferramentas terapêuticas que te ajudam a precipitar e atravessar processos de cura, facilitando e adiantando a caminhada. E, no caso desse trabalho, não tenho como fazer doações – é preciso que você pague pela sua própria terapia. Eu tento abrir o caminho e facilitar a caminhada, mas não posso caminhar por você. Estou treinando os terapeutas do Caminho do Coração, mas eles não podem fazer serviço voluntário. Assim como você recebe pelo seu trabalho, os terapeutas também precisam receber para sustentar suas vidas.

O processo de autodesenvolvimento precisa ser sustentável e para isso precisa haver equilíbrio entre espírito e matéria. E esse ponto de equilíbrio só é encontrado quando você se liberta das crenças sobre o dinheiro e se afina com os códigos divinos da prosperidade.

Saber qual é o seu propósito não é suficiente. É necessário que esse propósito seja autossustentável, porque você está encarnado num corpo que está submetido às leis da matéria. Algumas pessoas tentam negar a dimensão material, tentam separar a espiritualidade da matéria, mas isso não é possível. A negação é um dos principais venenos para a consciência. Ela nos leva à impossibilidade de despertar do sonho do sofrimento.

De qualquer maneira, nós estamos atentos. Estamos estudando novas maneiras de trabalhar, novas formas de subsidiar as atividades terapêuticas. Aos poucos, vamos encontrando uma forma de receber a todos. Porém, sendo o dinheiro a moeda de troca neste plano, alguém precisa pagar a conta. Mesmo que grande parte do serviço seja voluntário, algumas coisas precisam ser pagas. Para que tudo seja gratuito, alguém precisa pagar a conta. Estamos estudando as possibilidades, e sugestões são bem-vindas.

Há algum tempo, eu apoiei um projeto chamado "Psicologia para Todos", que tinha esse intuito de oferecer as ferramentas terapêuticas a preços acessíveis ou gratuitamente. Com o passar do tempo, não recebi mais informações e não sei se o projeto prosperou, mas foi uma boa ideia. Mas para que essas boas ideias se tornem realidade, tornem-se projetos autossustentáveis e prósperos, alguém precisa colocar energia. Alguém precisa dar alguma coisa.

Essa questão evoca uma profunda reflexão em relação ao significado do dinheiro. Como você está lidando com essa energia?

Uma das dimensões do meu trabalho é erradicar o medo da escassez do seu sistema, para que a prosperidade possa se manifestar através de você. Estamos trabalhando para criar uma cultura de paz e prosperidade. Mas, para que haja paz na nossa sociedade, é fundamental que as necessidades das pessoas sejam atendidas. Não há como haver paz quando há fome. Nós, enquanto raça humana, precisamos nos harmonizar com a energia do dinheiro, sem hiperdimensionar ou subdimensionar o seu valor.